低碳经济视野下的农地利用研究

郑 晶 著

中国林业出版社

图书在版编目（CIP）数据

低碳经济视野下的农地利用研究/郑晶著. —北京：中国林业出版社，2011.11

ISBN 978-7-5038-6464-3

Ⅰ.①低…　Ⅱ.①郑…　Ⅲ.①农业用地—土地利用—研究—中国
Ⅳ.①F321.1

中国版本图书馆 CIP 数据核字（2012）第 000418 号

出版　中国林业出版社（100009　北京西城区刘海胡同 7 号）
E-mail　forestbook@163.com　电话　010-83222880
网址　lycb.forestry.gov.cn
发行　中国林业出版社
印刷　北京北林印刷厂
版次　2011 年 11 月第 1 版
印次　2011 年 11 月第 1 次
开本　787mm×960mm　1/16
印张　10.75
字数　210 千字
印数　1～1000 册
定价　45.00 元

序 言

人类进入 21 世纪，低碳经济浪潮正席卷而来。全球化石能源的枯竭和气候的异常变化引人关注，出于对经济发展模式的反思以及对新经济增长点的追求，世界各国特别是发达国家和发展中的大国都纷纷提出发展低碳经济。对于中国而言，转变经济发展方式，发展低碳经济，既可以从根本上解决经济与资源环境的矛盾，又与我国现在所强调的建设资源节约型、环境友好型社会，提高生态文明水平，具有理论上和目标上的一致性，是落实科学发展观和构建和谐社会的客观要求，在国际上也具有重要的经济与政治意义。

低碳经济为农地利用提供了新的要求和新的思路，在低碳经济视野下，探索如何实现“低碳”且“经济”的农地利用方式，是一个富有挑战性的命题。郑晶博士的《低碳经济视野下的农地利用研究》一书正是在对这一问题思考的产物。作者以其独特的视角，以“低碳”且“经济”为切入点和主线，深入研究了低碳经济的发展以及低碳经济视野下的农地利用方式的根本性转变，是一个重要的创新。首先作者对低碳经济的背景作了独到的分析，认为发展低碳经济是后金融危机时代世界经济发展的新引擎，也是解决世界能源枯竭和遏制生态环境恶化的有效途径，指出了低碳经济的本质是能源经济，发展可再生和清洁能源以及节能减排，也是应对气候变化的主要举措。对于中国而言，这既是挑战又是机遇，应当很好把握机遇迎接挑战，才能在国际新形势下增强竞争力，立于不败之地；其次，作者从低碳经济的视角来研究农地利用，也颇有新意。从目前的情况来看，农地利用虽然是当前学术界研究的热点之一，但从低碳经济视角出发进行农地利用研究尚不多见；第三，对于这个问题的探讨具有重要的现实意义。农地利用与“低碳”之间的关系密切，通过分析影响农业发展趋势的相关因素，从理论与实践的结合上提炼出低碳经济时代的农地利用新模式，能够更好地实现农业经济结构调整，为发展现代农业提供思路，也将有力地推动低碳经济的发展。改革开放以来，中国的农业发展取得了举世瞩目的成就，以不到全球8%的耕地，养活了全球22%的人口。但必须清醒地看到，付出资源和环境的代价也是巨大的。作者的这一研究，是对解决上述问题的积极探索，对于促进传统农业向现代农业转变、促进农民增收和社会主义新农村建设都有重要的现实意义。

此外，书中还提出了一些颇有新意的观点，例如：对于低碳经济内涵的把握上，提出发展低碳经济需要内在动力和外在动力的有机结合，其中外在动力是“低碳”发展提出的要求，而内在动力是“经济”发展给予的驱动；从低碳经济的视野出发，将理论与实际、趋势与现状相结合，对农地利用的模式进行一定的理论升华，提炼出农地利用新模式的实质是“低碳”且“经济”；在实地调研和对相关资料分析基础上，提出了低碳经济视野下的农地利用新模式：粮食经济 + 能源经济 + 体验经济的耕地利用新模式；开发林地综合利用、生态旅游 + 休闲养生保健林 + 经济林 + 商品林、发展生物质能源等林地利用新模式；在荒漠中发展渔业、种植业 + 旅游 + 养殖 + 水土改良 + 加工的利用方式等。

本书是一位年轻博士多年来悉心研究的成果，希望作者能够再接再厉，深入研究，不断有新的成果面世。

（福建师范大学原校长，教授，博士生导师）

2011 年 11 月

前 言

2009 年，全球瞩目的世界气候大会在丹麦首都哥本哈根召开，温家宝总理参加了会议并在会上发表了重要讲话。他指出："气候变化是当今全球面临的重大挑战。遏制气候变暖，拯救地球家园，是全人类共同的使命，每个国家和民族，每个企业和个人，都应当责无旁贷地行动起来。"联合国政府间气候变化专门委员会（IPCC）指出，气候变暖并非天灾，而是人祸，是人类非绿色的发展方式的结果。低碳经济正是出于对经济发展模式的反思而提出的，是经济发展的必然趋势，也是最具竞争力的新经济增长点。

农地是人类生产活动中最接近自然的一环，在遏制气候变暖中具有独特的地位，因此，通过对农地利用的研究，有助于我们更好地把握农地利用与低碳经济之间的关系，从而有利于低碳经济的发展。相应的，低碳经济也为农地利用提出了新的要求和新的发展思路。在低碳经济视野下，分析影响今后农业发展的趋势的相关因素，有助于研究低碳经济时代的农地利用新型模式，从而有助于更好地为现代农业发展提供思路。

围绕着低碳经济视野下的农地利用，本书从低碳经济的基本特征、低碳经济发展的内在和外在动力、农地利用与低碳经济之间的关系、低碳经济视野下农地利用的历史变迁和发展趋势、农地利用的影响因素、农地利用的模式以及实现农地科学利用的保障体系等方面开展了具体分析，共分以下 8 个部分。

第一部分为导言，指出低碳经济是世界各国出于对经济发展模式的反思以及对新的经济增长点的追求而提出的。低碳经济的提出和发展给农地利用提供了新的发展思路，即如何发展"低碳"且"经济"的农地利用模式。

第二部分研究了低碳经济的基本特征。首先对低碳经济理念的发展进行了历史回顾，对低碳经济发展的背景进行了分析，对低碳经济在各国和中国的实践情况以及低碳经济的发展趋势进行了分析，从而提炼出低碳经济的功能和基本特征，并在此基础上，指出了中国所面临的机遇和挑战。

第三部分为发展低碳经济的动力研究。低碳经济发展的动力分为外在动力和内在动力。外在动力包括气候变化、国际政治外交和国际贸易等；内在动力包括经济发展与生态环境之间的平衡、转变发展方式，发展新能源及其产业群等战略性新兴产业，提高国家核心竞争力、科学发展、构建和谐社会等。低碳经济是在外在动力和内在动力的交互作用下发展的，外在动力为中国的经济发展提出了“低碳”的要求，而内在动力则为中国经济发展给予了“经济”的驱动。

第四部分研究了农地利用与低碳经济的关系。具体分析了不同类型农地的利用与碳之间的关系：耕地方面，分析了耕地与温室效应之间的关系、耕地利用对减少温室气体的贡献，指出应该以农业循环经济理念指导耕地利用；林地方面，从森林的碳库作用出发，分析了作为碳汇与碳源的林地利用，并着重分析了发展林业生物质能源。之后，指出了农业在低碳经济时代的地位和作用。

第五部分从低碳经济视角分析了农地利用的历史变迁，指出随着经济、社会和生态环境以及其他因素的变化，从整体上看，农地利用（包括林地、湿地和耕地）的历史变迁经历了原始农业、传统农业、现代农业和替代农业四个阶段。

第六部分分析了低碳经济视野下农地利用的发展趋势。该部分以马克思主义的生态观、生态文明相关理论、土地生态服务功能理论、脱钩理论、“过山车”理论（ EKC 假说)、生态足迹理论等相关理论为指导，从气候、人口、社会经济发展水平、技术、市场、制度政策和农户意识等方面分析了影响农地利用发展的因素，指出了包括发展碳汇交易市场、扩大农地利用空间、利用技术转变植物用途、发挥农业多功能性、发展低碳农业等在内的农地利用变化的可能趋势。

第七部分从趋势与现状、理论与实践的结合上研究了低碳经济视野下的农地利用的新模式，指出了低碳经济视野下农地利用应遵循“三大安全相统一”、“三大效益相统一”和“因地制宜”等原则。在对福建晋江的吉隆农场、紫岭农场、鲁东村、运伙村等进行了实地调查和实证研究的基础上，总结了上述地区的农地利用模式，同时结合其他地方的一些案例，分别对耕地、林地、草地、沙漠等不同类型农地的利用新模式进行了分析和研究，提出了一些在现阶段切实可行的农地利用新模式：开发粮食经济 + 能源经济 + 体验经济的耕地利用新模式；开发林地综合利用、生态旅游 + 休闲养生保健林 + 经济林 + 商品林、发展生物质能源等林地利用新模式；在荒漠中发展渔业、种植业 + 旅游 + 养殖 + 水土改良 + 加工的利用方式等。

第八部分研究了低碳经济视野下农地合理利用的保障体系，包括从整体发展战略的制定、政策的安排、制度的创新、法律法规的完善、技术的发展以及加大宣传力度等方面。

低碳经济视野下的农地利用研究是新时期经济发展给我们提出的一个具有挑战的课题，探索“低碳”且“经济”的农地利用新模式，使其发展遵循科学发展观和“生态文明”的发展理念，响应低碳经济时代的号召，对社会主义新农村建设和我国的经济可持续发展都具有重要的理论意义和实践意义。因此，本书选择这样的课题作为研究对象。虽然在写作过程中，著者努力进行探索，力求将理论和现实结合在一起，但由于水平有限，在写作过程中有时也感到力不从心。尽管如此，还是将初步的思考和研究成果呈现给读者，错漏之处在所难免，敬请批评指正。

著 者

2011 年 11 月

[illegible]

2011年1月

目 录

第一章
引 言

第一节 研究的意义

恩格斯曾经说过："我们不要过分陶醉于我们人类对自然界的胜利。对于每一次这样的胜利，自然界都对我们进行报复。""我们统治自然界，绝不像征服者统治异民族那样，绝不同于站在自然界以外的某一个人，——相反，我们连同肉、血和脑都是属于自然界并存在于其中的。"19 世纪的这一番话就已经一针见血地指出经济发展不能罔顾生态环境。

近年来，全球气候异常现象及其所带来的对农业和粮食安全、水资源安全、能源安全、生态安全和公共卫生安全等方面的冲击引起了国际社会的强烈关注，由此催生了"低碳经济"。2009 年，全球瞩目的世界气候变化大会在丹麦首都哥本哈根召开，温家宝总理在会上发表了重要讲话。他指出："气候变化是当今全球面临的重大挑战。遏制气候变暖，拯救地球家园，是全人类共同的使命，每个国家和民族，每个企业和个人，都应当责无旁贷地行动起来。"联合国政府间气候变化专门委员会指出，气候变暖并非天灾，而是人祸，是人类非绿色的发展方式的结果。中国过去 20 多年快速的城市化、工业化和经济增长的同时，也产生了大量的温室气体以及污浊的空气等诸多环境问题。灾难和危机的严重性提醒我们，无视生态环境的经济增长追求，不但酿成各种灾难，也注定不可持续，西方发达国家曾经走过的"先污染后治理"的道路无法重复。严峻的现实迫使人们认识到非绿色的经济增长方式已经走到了尽头，出于对经济发展模式的反思以及对新的经济增长点的追求，世界各国特别是发达国家纷纷提出要发展低碳经济。

农地利用在低碳经济发展中具有重要作用。农业是我国国民经济的基础，农地利用既是农业发展模式的基础环节，又是农业发展模式的具体形式。农地利用以其自身的特性与气候变化联系紧密。不合理的农地利用方式如大面积的森林砍伐和草原破坏等会加剧烈全球气候变暖的进程。另一方面，低碳经济的发展给农地利用也提供了新的思路和要求。低碳经济的发展离不开农地的合理利用。探求低碳经济视野下的农地利用研究具有如下意义：

首先，低碳经济为农地利用提供了新的发展思路，即农地利用如何实现既“低碳”且“经济”。农地利用处在不断变化的过程中，并受到不同因素的共同影响，在低碳经济视野下，分析影响农地利用发展趋势的相关因素，有助于研究低碳经济时代的农地利用新型模式，从而有助于更好地为农业发展提供思路。更进一步地说，从低碳经济的视野出发，进行新时期的农地利用研究，不仅是低碳经济理论和农地利用研究的深入，同时也是缓解我国农业生产方式乃至经济增长模式与环境之间矛盾的重要实践探索，有助于推动社会主义新农村建设和我国的经济可持续发展。

其次，通过对农地利用的研究，分析其与“碳”之间的联系，有助于我们更好地把握农地利用与低碳经济之间的关系。农地是人类生产活动中最接近自然的一环，对于气候变化具有重要的作用。农地利用中的一些不合理行为，例如大量投入无机肥、农药、毁林开荒、破坏湿地等，都会使得农地由“碳汇”变成“碳源”，对氮肥的过量使用以及家畜粪肥处理不当等行为都会造成温室气体的排放，是农业温室气体的主要来源，这些都与低碳经济的发展要求背道而驰。根据IPCC的数据，这些农业温室气体排放在全球温室气体排放总量中所占的比例大于整个运输业所占的比例，约占全球温室气体排放总量的14%。相应地，正确地进行农业林业生产可以有效地减少温室气体的排放量。例如，树木的碳汇作用和农业的免耕技术可以减少大气中的二氧化碳量；适量且准确地使用肥料可以减少 NO_2 的释放；减少土壤中水的饱和度可以减少 CH_4 的释放等。因此，低碳经济的发展离不开对农地利用的研究。

最后，通过农地的合理利用，有利于低碳经济的发展。低碳经济本质上是一种新的经济发展模式，对于中国而言，转变经济发展方式，发展低碳经济，走科学发展的道路是必然的选择，具有重要的意义。第一，发展低碳经济是缓解气候变化乃至拯救地球家园的需要。低碳经济可以成为缓解气候变暖的一剂良药。从更大的层面来说，以往的经济发展模式对生态环境造成了诸多负面后果，给我们赖以生存的共同家园造成了“伤痕累累”。低碳经济的发展从根源上有助于避免经济发展对自然环境所可能造成的伤害。第二，低碳经济是我国科学发展必然趋势。低碳经济与我国现在所提倡的生态文明具有理论上和目标上的一致性，是实现全面建设小康社会奋斗目标的内在需要，是深入贯彻落实科学发展观的重要内容。低碳经济的实质重点是围绕生产、生活领域的节能减排和资源高效利用，开展制度创新、技术创新与管理创新，其发展模式为资源节约型和环境友好型产业，通过改变经济增长方式，节能减排和资源高效利用，发展可再生能源，确保了能源安全，也是转经济危机为新的发展机遇、提高国家核心竞争力的有效途径。第三，低碳经济是构建和谐社会的有效途径。“和谐社会”的主要内容之一是倡导人与自然的和谐相处，人的行为对于自然产生影响的同时会受到自然的反作用影响，工业文明的“高碳”型经济发展方式不仅给气候环境带来了严重的后果，更导致环境灾难和生产事故层出不穷，威胁到了人类的健康。这些“天灾”的背后实际上隐藏的是“人祸”的身影。因此，发展低碳经济已经是现实给我们提出的要求，作为生态文明的重要经济形态，发展低碳经济能够提高人民生活质量，逐渐消除人类“工业文明病”，实现人和自然的和谐共处。第四，发展低碳经济对于我国在国家政治外交中发挥着重要作用。对于气候变化，中国始终认为世界各国应该遵循“共同但有区别的责任”。《京都议定书》没有要求我国履行强制性的减排义务，但是，在解决全球变暖问题上，中国并不是消极的，这体现在我国积极应对的态度与自愿减排的措施及其收到的显著效果。而且，随着后京都时代的逼近，中国不可避免地要承担起更多的责任。事实上，国际气候谈判已不只是单纯的环境事务，而是涉及了未来各国争取发展空间和选择发展道路的问题，关乎各国重大的政治和经济利益。未来20年是中国在国际政治、经济和外交方面势必要面对关于减排问题的各种挑战的时期，也是发展的关键时期和重要机遇时期，发展低碳经济有助于我国更好的面对挑战、抓住机遇，并树立良好的国际形象。

综上所述，低碳经济时代的农地利用研究不仅是低碳经济理论和农地利用研究的深入，同时也是缓解我国农业生产方式乃至经济发展与资源环境之间的矛盾，实现农地利用过程中“低碳”和“经济”共同发展的重要实践探索。在把握低碳经济内涵的基础上，通过考察不同类型农地的利用与低碳之间的关系，在农地利用历史变化研究的基础上，分析未来农地利用变化的趋势及其影响因素，并针对低碳经济对农地利用所提出的新要求，探索“低碳”且“经济”的农地利用新模式，使其发展遵循科学发展观和“生态文明”的发展理念，响应低碳经济时代的号召，对社会主义新农村建设和我国的经济可持续发展都具有重要的理论意义和实践意义。

第二节 国内外研究综述

一、低碳经济相关研究

低碳经济的提出与全球气候变暖现象密切相关。联合国政府间气候变化专门委员会(IPCC)20年研究结果证明：气候变暖并非天灾，而是人祸。该组织通过130多个国家的2500多名专家的合力研究，前后发表了四次有关气候问题的权威报告，指出气候变化与人类经济活动之间的关系。IPCC在第四次报告中特别强调，未来温室气体排放取决于发展路径选择，可以较低的宏观经济成本把大气中温室气体浓度稳定在较低水平，而且，减缓气候变化可确保社会经济的可持续发展。在这样的大背景下，低碳经济这种新的经济发展模式于2003年由英国率先提出，目前已经成为各国和学术界关注的热点。目前，国内外的学者已经对气候变化和低碳经济进行了一些研究。

(一)低碳经济概念的界定

低碳经济的提法最早出现在2003年英国的能源白皮书中，其后在全世界范围内发展开来。学者们研究了低碳经济的相关理论，以此作为低碳经济发展的指导。冯之浚(2010)等人对低碳经济的理论基础进行了探寻和归纳，即生态足迹理论、“脱钩”理论、库兹涅茨曲线、“城市矿山”理论。

对于低碳经济的概念，学术界尚未有一致的界定，有学者认为它是一种经济发展模式，认为低碳经济是以低能耗、低排放、低污染为基础的经济模式(周生贤，2008)，在经济社会发展过程中，以排放最少的温室气体获得整个社会最大的产出，以低能耗、低排放为特征的一种经济发展模式(温宗国，2008)，是一个相对于现有的“高碳经济”模式的一个概念(蔡林海，2009)，是依靠技术创新和政策措施，实施一场能源革命，建立一种排放较少温室气体的经济发展模式(庄贵阳，2005)。也有学者指出它是一种经济发展形式，认为低碳经济是低碳发展、低碳产业、低碳技术、低碳生活等一类经济形态的总称(冯之浚等，2009)，另有学者从更宽泛的角度来看低碳经济，认为低碳经济从内涵上说包括低碳生产、低碳流通、低碳分配和低碳消费4个环节(李胜、陈晓春，2009)，是在人类社会发展过程中，人类自身对经济增长与福利改进、经济发展与环境保护关系的一种理性权衡；是对人与自然、人与社会、人与人和谐关系的一种理性认知；是继人类社会经历过原始文明、农业文明、工业文明之后的生态文明；是人类社会继工业革命、信息革命之后的新能源革命（刘细良，2009）。因此，有学者将其看作是一种综合性的问题，不仅仅是一种经济发展理念，一种经济发展模式，还是一个政治化的问题，是经济、社会、环境系统交织在一起的综合性问题（袁男优，2010）。

从学者们对低碳经济的定义可以看出，大部分学者认为低碳经济是一种着重于减少温室气体的排放的新的经济发展模式。大部分的学者对低碳经济的界定重点都停留在减少排放（减少碳源）和增加吸收（增加碳汇）的“一减一增”上，即通过节能减排以达到减少温室气体的排放，同时采取措施增加温室气体的吸收。本书认为，低碳经济是指在经济社会发展的过程中，通过技术升级、产业结构调整等途径尽可能地减少温室气体的排放和增加温室气体的吸收，同时积极发展新能源及其产业群，获得经济、社会和生态三大效益相统一的经济发展模式。

（二）低碳经济的产生背景、目标和功能

对于低碳经济的探讨往往来自于对气候变化的反思和应对。近年来，气候变化已经逐渐成为学术界研究和争论的焦点所在。根据联合国政府间气候变化专门委员会（IPCC）第四次评估报告（2007）（AR4）的研究结果，自工业革命以来，全球温度线性上升 0.74℃，全球平均温度处在上升通道中，尤其从 1906 年以来，几乎处于直线上升趋势中。从目前研究的情况来看，学者们大部分都从全球气候变暖角度出发对其以及低碳经济进行了相应的研究。

学者们指出全球变暖的严重后果，胡鞍钢（2009）指出了现今全球气候变化已经被科学家所证实并已为各国所接受。他认为，如何应对全球气候变化，如何参加国际气候谈判是关系中国未来经济和社会发展的紧迫问题。在中国如何应对气候变化的挑战上，他从技术可行性、经济可行性、政治可行性和国际合作可行性等方面对该问题进行了论述。庄贵阳（2005）针对中国的情况，他分析了后京都时代中国面临的气候变化挑战，指出中国日益面临国际社会要求控制温室气体排放的巨大压力，认为中国必须未雨绸缪，积极应对气候变化挑战。大多数学者们认为，对中国而言，发展低碳经济就是应对气候变化的有效途径。

（三）低碳经济目标和功能

对于低碳经济的目标和功能，学者们也进行了相应的探讨。庄贵阳（2005）指出，低碳经济的目标是减缓气候变化和促进人类的可持续发展。邢继俊、赵刚（2007）认为气候变暖与以工业化为主要特征的现代社会能源经济模式密切相关，

提出应该将经济模式由高碳向低碳进行转型从而控制气候变化，这是各国经济和社会可持续发展的必然选择。王春峰(2008)指出，由于低碳经济所确立的是一种旨在促进发展的前提下解决气候变化问题的基本思路，用长期经济发展目标代替了单纯的量化减排指标，以符合各国利益和经济社会发展需求，并具有一定灵活性，做到发展和减排并行不悖，因而在一定程度上受到了许多发达国家和发展中国家的积极认可。蔡林海(2009)认为，低碳经济实际上是一个相对于现有的经济模式，也就是"高碳经济"模式的一个概念。

从目前的研究来看，学者们对于低碳经济的功能主要是强调要应对气候变化，研究气候变化对经济社会产生的恶果，以及低碳经济本身对于经济社会的巨大价值。

(四)低碳经济在国家民族的战略地位

从国内的情况看，目前对于低碳经济在国家发展战略方面有不同声音。大部分的学者认为低碳经济应该上升到重要战略地位，作为新的发展方式，抢占国家竞争的制高点。从现有的研究来看，大部分学者认同低碳经济对于我国经济转型的意义，认为低碳经济的发展有助于我国经济结构的调整，是可持续发展的必由之路(张坤民，2010)，是减少温室气体排放，应对全球变暖的最佳经济模式(付允等，2008)，它是作为负责任的大国实现和平崛起和可持续发展的必然选择，顺乎世界潮流，合乎我国国情(宋德勇等，2009)。发展低碳经济的驱动力有内外两个方面，外部推动即来自国际社会要求我国承诺温室气体减排义务的巨大压力，发展中的我国必须做好迎接后京都时代挑战的准备(庄贵阳，2005)；内部需求方面包括能源禀赋、发展阶段、当前流量、"锁定效应"及边际成本5个方面(张坤民，2010)。

但也有学者认为发展低碳经济是被"气候"牵着鼻子走；或者认为我国的不可再生能源尚可支持较长时间的经济发展，所以应该着重继续发展经济而非将太多的财力、人力、物力和精力投入新能源；还有学者指出，新能源战略是美国在经济危机后精心谋求新的世界经济地位的手段。这种"低碳阴谋"论认为西方发达国家大力鼓吹"低碳"经济是"不怀好意"的，是打算借"低碳"之名，行压榨发展中国家"之实"，表现在哥本哈根气候会议中的种种博弈，低碳壁垒的出现等等方面。例如，有学者认为，低碳壁垒就是西方国家以保护环境，提倡低碳之名，实为贸易保护主义下替代关税壁垒的新型方式应运而生。不过值得一提的是，即便这些学者持"低碳阴谋"的观点，他们中的很多人也并不否认对于中国而言，发展一种新的经济模式以转变中国的经济发展方式，改造和提升传统产业，实现能源安全是非常重要。因此，无论持何种观点，积极探索和发展低碳经济等新的经济发展模式，促进中国的可持续发展的理念，是得到一致认可的。

二、农地利用的相关研究

（一）农地与生态环境

农地是人类赖以生存和发展的重要的物质基础，因此历来是学者们研究的重点所在。农地的自然属性使其天然地与气候变化等生态环境问题关系密切，以气候为例，农地上的绿色植物是环境的“吸碳器”，它们通过光合作用，吸收空气中的二氧化碳，可减少温室气体产生，同时放出氧气，促进空气对流，同时，通过光合作用和吸附作用，农作物还可以降解空气中的二氧化硫、一氧化碳等物质。因此，《中国应对气候变化科技专项行动》中指出中国农田为含碳温室气体的“弱汇”，另有研究表明，中国增加1%的森林覆盖率，便可以从大气中吸收固定0.6亿~7.1亿吨碳。此外，湿地是世界最大的碳库之一，其碳储量超过其他生态系统包括农田、温带森林和热带雨林的碳总量的总和，达到约770亿吨，占陆地生态系统的35%。

农地在利用过程中对环境的这种影响可以用外部性理论予以说明。经济外部性是经济主体（包括厂商或个人）的经济活动对他人和社会造成的非市场化的影响，根据影响的好坏，常常分为正外部性和负外部性。很明显，农地利用对于环境而言常常具有正外部性。

农地的这种环境正外部性的存在说明农地的价值不仅仅局限在市场经济价值上。随着经济的发展和人们对生态环境的重视，对于农地价值的研究引发学者对其进行了一些探索性研究（汪峰，2001；霍雅勤、蔡运龙，2003；赵学涛，2003；高云峰，2005），其中更不乏学者在农地非市场价值方面进行了相关的研究（Halstead，1984；Drake，1992）。大部分的研究都认为，农地的非市场价值集中体现在农地为社会公众提供环境效益等公共物品，产生于农地利用过程中。因此，随着社会经济的发展，人们对农地的认识不断深化，对于农地利用与生态环境之间的关系也引发越来越多的思考。

（二）农地利用与生态环境

发达国家的研究数据表明，农业和经济发展到一定阶段，环境问题才纳入农业的考虑之中，当然，这与世界环境、资源和生态等问题的思潮不无关系。这种迹象从农业增长理论的发展中便可略见一斑。农业增长理论最早可以追溯到18世纪50~70年代以魁奈为代表的重农学派，其后经历了李嘉图的农业增长理论模型、亨利·乔治的农业增长理论、西奥多·W·舒尔茨(1945)、阿瑟·刘易斯(1954)、早见雄次郎、弗农拉坦、梅勒、托达罗、福尔肯、皮尔逊、阿玛蒂亚·库马尔·森等众多经济学家的不断深化和发展，但直到20世纪80年代以来，农业可持续发展理论的提出才将环境问题引人注目地提出。

关于农地利用的生态环境效应，有学者研究和分析了农地集约化利用对生态环境的影响，其中，有的研究结果持乐观态度，认为集约化利用具有正环境效应，指出第二次世界大战以后，发达国家(尤其是欧洲)农业的发展，如农业的商品化、技术进步及"共同农业政策"使西欧的平原地区处在持续集约化的过程中，造成山区和较为干旱的地区，广泛出现土地利用粗放化和边际化现象。美国的研究中也出现类似的结果。在发展中国家，也有一些案例研究证明了相似的论点(MacDonald D, Crabtree J R, Wiesinger G, et al, 2000; Burgi M, Turner M G, 2002; Bakker M M, Govers G, Van Doorn A, et al, 2008; Tiffen M, Mortimore M, Gichuki F, 1994)。但也有研究则持相反观点，指出在流域上游陡坡地的集约化利用，常常造成水土流失，也有学者指出集约农业对于环境和资源其实会造成损害，而且这种情况并不少见(Matson PA, Parton W J, Power A G, et al, 1997; Tilman D, 1999; Foley J A, DeFries R, AsnerG P, et al, 2005)。与此相对应，农地利用粗放化和弃耕也引起了关注，退耕还林和退牧还草工程便是基于这一观点。这种农地利用的变化对于生态环境的正效应得到了大量例子的证明(Benayas JM R, Martins A, Nicolau J M, et al, 2007; Grau R H, Alde T M, 2007; Mather A S, Fairbairn J, Needle C , 1999; 龙花楼, 2003)。

从我国的具体情况来看，有学者针对不同地区进行了研究。闵捷等(2006)在大连市农地利用现状分析的基础上，主要采用生态足迹分析的方法，探讨了大连市农地利用中存在的主要生态问题。田水松(2004)在指出长江上游生态环境退化及危害的基础上，分析了几种不合理的土地利用与生态环境退化的关系。他指出，人地矛盾下的不合理的农地利用强度、在片面强调"以粮为纲"口号下的不合理的农地利用结构和落后生产力条件下传统的不合理的土地利用方式都对长江上游的生态环境产生了不利的影响。

(三)农地利用变化对生态环境的影响

农地利用对生态环境的影响归根结底是源于农地利用方式。从现有的研究来看，主要集中在不同类型农地的利用方式对环境的影响以及农地利用方式的变化方面。

李周(2008)从生态经济理论出发，认为农业经历了原始农业、传统农业直至现代农业，在这一过程中，生态系统的承载力发生了变化。严立冬等(2008)

在分析原始农业、传统农业直至现代农业的基础上，指出现代农业的农地利用方式不符合可持续发展的基本原则。有学者指出现代农业是一种“石油农业”，并纷纷探索农业发展的新途径，先后提出“替代农业”多达数十种，包括有机农业、生态农业、绿色农业、可持续农业等。

国内外的专家学者们针对这些“替代”农业以及它们所涉及的利用方式所造成的影响进行了相应的研究。国外学者对有机农业对丹麦农业环境的影响进行了研究，认为其在减少土壤中氮流失以及提高微生物活性均有所帮助(Birgitte Hansen，Hugo Fjelsted Alroe，Erik Steen Kristensen，2001)。另有学者在有机农业和常规农业条件下，研究了有机肥和化肥对土壤微生物活性的影响（L R Bulluck、M Brosius，G K Evanylo，2002)，指出不同利用方式和保护耕作措施对于土壤的碳储量以及土壤的质量均会产生影响，（K Y Chan，D P Heenan，H B So，2003)，免耕和少耕对于水土流失状况的缓解的确有效果；作物覆盖和施用氮肥对土壤碳和总氮相较于无此措施具有提高效果，达到6%~16%，有助于提高土壤质量(U M Sainju，B P Singh，W F Whitehead，2002)；34 年玉米免耕系统使美国中西部和东南部的土壤有机质逐渐增加，缓解了水土流失，效果优于常规耕作系统(F E Rhoton，M J Shipitalo，D L Lindbo etc，2002)。

在湿地方面，针对湿地的破坏、退化和消失现象，学者们开展了相关的研究。从国外研究情况来看，美国、加拿大、澳大利亚、德国、英国、瑞典等国家在湿地退化机制、退化湿地恢复与重建以及人工湿地的构建方面的研究较多，我国的研究也较多，近年来，对浅水湖泊例如东湖、巢湖、滇池、太湖、白洋淀等的富营养化控制和生态恢复进行了大量的研究。其中，对三江平原这一湿地资源的合理开发利用和保护一直是研究的重点。研究认为，通过采用适当的水土调控技术，合理确定农业开发的规模与模式，可以成功地将湿地的生态恢复与生态农业建设有机地结合起来(倪志英，2007)。

在林地方面，改革开放 30 年以来，林业走过了一个艰难曲折的发展历程，林地的利用方式也随着林业发展思路的不同而呈现不同的特点。刘振清(2007)对中国林业发展道路的演进进行了梳理和研究，他指出现今林业已经迈上可持续发展道路。围绕林地的可持续利用，国内外提出了许多相关的理论，主要包括协同论、森林多功能理论、森林多效益主导利用理论、森林可持续经营理论和近自然林业理论。

此外，在土地利用变化方面，1993 年，“国际地圈—生物圈计划”(IGBP)和“全球环境变化中人文领域计划”(HDP)启动了土地利用/土地覆被变化(LUCC)的研究，该研究的内容大致可以分为土地利用/覆盖的时空变化、驱动机制、环境和社会效应三个方面。国内学者的研究主要涉及土地利用类型的时空变化，耕地资源变化与粮食安全、土地利用导致的生态环境问题、土地利用与社会经济发展关系，以及土地利用变化的原因或驱动机制等(周勇、张生云等，1997；史培军、苏筠等，1999；陈佑启、杨鹏，2001；张凤荣、孔祥斌等，2002 傅伯杰、陈利顶等，2003)。

另外还有学者研究了农地变化的两种类型，一是农用地与非农用地间的转化，主要是农用地变为非农用地；二是农业内部耕地、园地、林地、水域之间的转化，并对农地利用变化的驱动因素进行了研究(周青等，2003)。

三、低碳经济视角的土地利用方式研究

发展低碳经济是与温室气体排放引起的气候变暖问题密切相关。许多国家针对农业活动对温室效应的影响进行了相应的研究。根据英国 1999 年的资料统计，农业在温室气体排放源中比例大约为 8%，加拿大的研究也得出了相同的结论。美国的研究认为农业在温室气体排放中的贡献占其国的 7% ~10%。从目前的研究来看，学者们也都针对不同类型的农地，对其与气候以及碳之间的关系进行了一定的研究。

(1)耕地方面。郭李萍(2000)对 CO_2、甲烷(CH_4)和氧化亚氮(N_2O)这三种主要温室气体的源汇状况及与农业源有关的排放和吸收方面进行了论述。指出，全球陆地生态系统中的碳有储存在森林中，储存在热带及温带草原中，其余的碳储存在耕地、湿地、冻原、高山草地及沙漠半沙漠中，农地是重要的碳库。但是，她同时指出，由于人类频繁进行的农业生产活动如施肥、耕作、收获等的影响，农田已成为大气温室气体的一个非常重要的排放源，如耕作使得土壤有机碳不断分解矿化而释放出来，大量施用氮肥造成了和等含氮温室气体和温室气体前体的排放，施用有机肥和铵态氮肥引起挥发而增加了酸雨的威胁，施用肥料还使旱地甲烷的吸收汇强度降低等。对于农田生态系统的温室气体排放量，目前的测定方法主要有箱法和微气象学法等。中国是重要的水稻生产国，因此国内学者在各种类型农田中，对稻田生态系统的温室其他排放研究的比较多。还有的研究是对旱田生态系统的温室气体排放以及农业生产废弃物及饲养业对温室气体排放的贡献等方面进行研究。

(2)湿地方面。湿地作为四大陆地生态系统之一，一直被认为是大气 CO_2 的重要“碳汇”，其碳储存主要包括植被和土壤碳储存，在陆地及全球碳循环中起着重要作用，而且与全球气候变化有着直接而紧密的联系。学者们针对湿地生态系统碳循环(张文菊，2006)、碳输入、碳积累和碳循环模型等方面进行了相关的研究。由于湿地是地球上非常重要的碳储存库，其利用情况和变化对全球碳循

环的影响的研究成为重点，相应地，农业排水、耕作、森林排水，水产养殖、城市化、燃料和园艺等都会湿地碳储存产生影响。

(3)林地方面。森林与碳之间的关系研究较多。学者们从森林中植被碳库和土壤碳库等方面对森林生态系统与碳循环之间的关系进行了研究。在森林生物固碳方面，有直接固碳和间接固碳两种。森林直接固碳包括林木固碳、林下植物与腐殖质固碳和林地固碳三种方式，间接固碳则是指森林林产品固碳作用的延伸、森林产品如木材代替其他材料从而减少其他材料生产过程中排放的 CO_2 量以及节约这些材料生产所耗费的能源。森林生物固碳的计算方法有生物量法、蓄积量法、箱式法、涡度相关法等。森林土壤碳库这是陆地生态系统中最大的碳库。学者们往往根据植被类型、土壤类型、生命气候带以及一些模型来对森林土壤碳储量进行估算。

针对森林利用等人为活动对森林生态系统碳库的影响，学者们从不同的角度进行了研究，认为各种人为活动会对森林生态系统碳库的变化造成很大的影响，这些认为活动常常是采伐、间伐、林地清理、造林更新、土地利用方式变更等，其影响程度会因干扰的强度及持续时间的长短而有很大的差异。其中，采伐、火灾与林地开垦被认为是影响最大的因素，常常会造成森林植被碳库及森林土壤碳库的急剧减少(陈遐林，2003)。例如，在森林采伐方面，大多数学者都认为会造成碳的损失。特别是采伐后土地利用方式的不同，更是会造成碳库损失程度的不同。更有学者认为，森林土壤碳贮量下降不是因为森林采伐本身，认为森林采伐对土壤碳没有影响或者仅引起小量的影响，而是因为森林被采伐后的土地利用过程，如对森林采伐转变为农用地后使得土壤有机碳含量不断减少，并从不同角度探求了可能的原因。

此外，在森林生态系统与大气 CO_2 浓度之间的关系方面的研究也获得了关注。大部分研究认为森林生态系统是大气 CO_2 的汇，但 20 世纪 70 年代末以后的一些学者的研究对此看法提出了质疑，认为采伐、破坏、土地利用变化等行为有可能会减少森林面积、生物量和森林土壤有机质等，从而使森林生态系统表现净碳释放而成为大气的碳源；当然，相应的，造林、更新恢复、生长等行为也会增加使森林面积与生物量增加，森林土壤有机质积累，表现出碳的净吸收而成为大气的碳汇。

四、国内外研究述评

首先，学术界关于低碳经济的研究主要集中在概念、其产生的背景、目标和功能、发展的趋势以及中国面对气候变化所面临的机遇和挑战上，指出了中国发展低碳经济的必要性。从目前的研究情况来看，学术界在低碳经济的概念还没有明确而统一的界定；在功能方面，主要是强调要应对气候变化，研究气候变化对经济社会产生的恶果，而低碳经济本身对于经济社会的巨大价值虽有涉及，但还不多。

其次，环境问题(包括气候变化)与经济发展问题之间的固有矛盾及其解决之道历来是关注的焦点和难点，学术界的不同声音也源于此。如何辩证地看待和做到“低碳”和“经济”并举，全面地把握低碳经济的内涵，是十分具有新意和挑战的重要课题。

再次，低碳经济是一个新兴的研究课题，对于低碳经济该如何发展，在某个领域发展的系统研究也还不多见，而且学者们大多数是从工业方面进行研究，较少见到农业方面的低碳经济系统研究。

最后，在农地利用方面的研究众多，其中不乏对农地利用与生态环境相关的研究。已有的研究表明，农地及其利用与气候之间的关系紧密。毫无疑问，低碳经济时代的到来对农地利用提出了新的要求，然而目前大部分研究是从农地，特别是林地和湿地与碳排放和碳吸收方面展开，至于如何在低碳经济视野下进行科学合理的农地利用，这方面的研究尚未见到。

总之，从目前研究的情况来看，低碳经济已然成为学术界关注的焦点，相关的研究层出不穷，对于低碳经济的概念、其产生的背景、目标和功能、发展的趋势以及中国面对气候变化所面临的机遇和挑战，中国发展低碳经济的必要性等方面都进行了一定的研究。此外，学者们大多数是从工业方面进行研究，而较少涉及农业。另一方面，从农地利用的角度来看，虽然对于农地利用相关问题的研究众多，其中不乏对农地利用与生态环境相关的研究。已有的研究表明，农地及其利用与气候之间的关系紧密。毫无疑问，低碳经济时代的到来对农地利用提出了新的要求，然而目前大部分研究是从农地，特别是林地和湿地与碳排放和碳吸收方面展开，至于如何在低碳经济视野下进行科学合理的农地利用，这方面的研究尚未见到。

事实上，环境问题(包括气候变化)与经济发展问题之间的固有矛盾及其解决之道历来是关注的焦点和难点，学术界的不同声音也源于此。如何辩证地看待和做到“低碳”和“经济”并举，全面地把握低碳经济的内涵，是十分具有新意和挑战的重要课题。因此，对于面临低碳经济的机遇和挑战的中国来说，低碳经济的内涵及其发展的动力是什么？农地利用与低碳之间的关系如何？低碳经济时代的农地利用产生变化的趋势以及驱动机制是什么？低碳经济对农地利用提出的新要求表现在哪些方面？低碳经济视野下的农地利用模式应该如何创新？怎样的农地利用才能更好地同时实现“低碳”且“经济”？这些问题都值得我们去思考。

第二章
低碳经济发展概况

第一节　低碳经济的发展现状与趋势

一、历史回顾

（一）低碳经济理念的发展

低碳经济的相关思想和理念渊源悠久，但其概念却是在2003年由英国率先提出的，之后逐渐成为世界经济发展的大趋势。

低碳经济的提出缘起于全球气候变化，也是全球范围内对于包括气候变化在内的严重生态环境危机进行反思的产物。这种反思可以追溯到20世纪60年代，以美国生物学家卡逊夫人的著作《寂静的春天》为标志。《寂静的春天》一书揭露了当时大家施用DDT和六六六等杀虫剂会严重污染水体，杀死害虫天敌以及自然界大量生物，而且这些农药残留会进入食物链，对人类造成难以挽回的恶果。《寂静的春天》1962年问世之时，引发了轩然大波，书中对农药危害人类环境的描述使之受到利害攸关的生产部门的强烈抨击，以化学工业集团为首的各种利益主体开始围攻甚至谩骂卡逊夫人，开始了一场大论战。但同时也给予了社会民众以强烈的震撼，使人们开始关注环境问题。历史和事实证明了卡逊夫人的观点，越来越多的科学家开始认识到当初的错误，甚至诺贝尔委员会所在的瑞典皇家科学院也对当初授于DDT的发明人米勒诺贝尔奖感到羞愧。可以说这本划时代的著作引起美国国内大规模争论，同时也予以人们思想上的强大冲击。之后美国工会和政府意识到和发现了包括农药在内的各种污染的严重性，于1969年在世界上第一个成立国家环境保护署（EPA）以及总统“改善环境质量委员会”。《寂静的春天》发表之后，更多的科学家开始反思和探索。20世纪70年代初的《只有一个地球》、《增长的极限》等经典著作表明人们在反思中逐渐认识到不顾资源与环境的发展是不可持续的，可以说，关注经济发展过程中的资源与环境问题是可持续发展实现的萌芽，也是低碳经济的基本思想。

可持续发展的思想形成于20世纪80年代，可持续发展逐渐为各国的政治家、经济学家以及社会各界所接受，在全球范围内形成广泛的共识，并初步形成了可持续发展的理论体系。

但是这种“思想”必须转化为“行动”才能推动真正意义上的可持续发展的实现。1992年召开的联合国环境与发展大会就是完成从可持续发展的“思想”到各国的发展“战略”到共同“行动”的转变与升华的重要会议，是世界各国形成共识并争取共同行动的里程碑。会议在巴西的里约热内卢召开，由政府首脑和民间机构共同参加，会议的重点从原先的“环境”转向“发展”，认为只有通过经济与环境的协调发展，才能解决由发展带来的环境问题，这就意味着世界各国开始认可转变经济发展模式来引导环境向良性方向转变的重要性。在大会上，各国政府在《里约宣言》上签了字，承诺共同实施可持续发展战略。

《联合国气候变化框架公约》就是在1992年的联合国环境发展大会上通过的，它是世界上第一个应对全球气候变暖的国际公约，是国际社会在全面控制二氧化碳等温室气体排放以对付全球气候变化问题上进行国际合作的一个基本框架。《联合国气候变化框架公约》提出发达国家和发展中国家在解决气候问题上负有共同但有区别的责任。发达国家作为温室气体的排放大户，需要采取减排措施来限制温室气体的排放，同时为发展中国家履行公约义务提供所需的资金和技术的帮助。

公约缔约方自1995年起每年召开缔约方会议以评估气候变化的进展，到目前为止已经召开了15届。其中，1997年的缔约方第三次会议达成的《京都议定书》具有里程碑意义，它使温室气体减排成为发达国家的法律义务，并制定了具体的内容和步骤。2007年12月在印度尼西亚巴厘岛的联合国气候变化大会制定了“巴厘岛路线图”，指出国际社会应当在2年期限内就应对气候变化进行谈判并且达成协议草案以提供给2009年哥本哈根的世界气候大会通过，以应对2012年到期的《京都议定书》。

低碳经济的提出正是基于严峻的现实。在气候变化方面，IPCC前后发表了四次有关气候问题的权威报告，每一次都比上一次更为明确地表明了人类的非绿色活动与气候变暖之间的密切关联度，并且还论证了阻止气候变暖是可行的。因此，人们逐渐认识到，改变原有的经济发展模式、能源消费方式乃至人类的生活方式，通过建立低碳能源系统、低碳技术体系和低碳产业结构，低碳经济的发展将有效地减少社会经济活动对碳的排放。

二、低碳经济发展的背景

(一) 世界经济增长迅速放缓

从1840年以蒸汽机的出现为标志的第一次工业革命开始，世界就逐渐进入了工业化时代，经济增长速度也由农业时代的缓慢增长转变为工业时代的高速增长，由此，美、日和以英、法、德为主体的西欧国家都进入了一个经济高速发展的轨道，较之世界其他国家先步入了发达国家行列。第二次世界大战后，世界经济的发展速度呈现持续下降趋势（如图2-1），20世纪70年代（1971～1980）世界经济的发展速度为3.8%，到了80年代就下降为3.25%，90年代经济发展速度

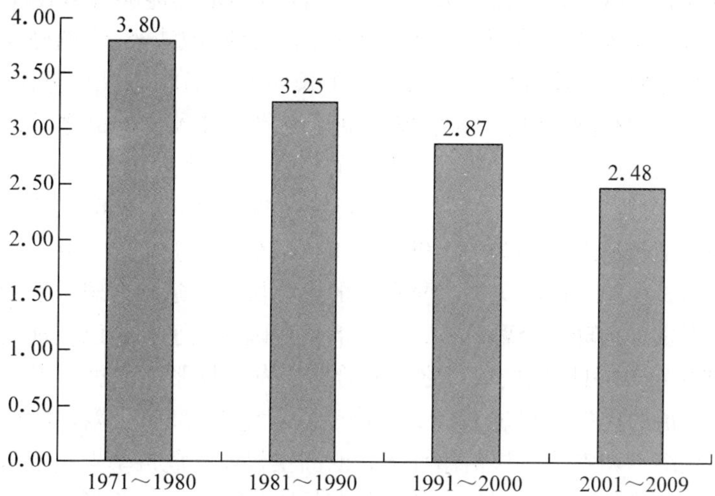

图2-1　各阶段世界经济发展速度

就跌落至3%以下，为2.87%，进入新世纪后世界经济继续下滑，仅为2.48%。世界经济发展速度之所以不断持续下滑，主要是因为：一方面，经济增长本身是有极限的。正常而言，经济一般难以一直维持在较高的增长速度水平下，特别是经过前几个世纪经济高速发展之后，世界的资源已经被大量的消耗，同时市场需求已经接近饱和的状态下，经济增长不可避免的呈现下降趋势；另一方面，就目前而言，世界经济的增长依然还要依靠先发展起来的发达国家来拉动，虽然近十年来中国、印度、俄罗斯和巴西等发展中国家的经济总量急剧上升，在世界经济

中所占的比重也不断增加，但相对于发达国家经济所占的比重还依然偏低，同时这几个发展中国家经济的增长大多依靠于与发达国家的外贸，自身的经济也很大程度受制于发达国家的经济状况。而发达国家由于自身资本主义经济体制的不完善以及经济发展规律本身的波动性，经济危机频发，而且经济危机发生的时间间隔越来越短，导致世界经济增长放缓。

总体而言，当前世界经济格局变化主要呈现两大特征：一方面，发达国家的经济发展速度趋于缓慢、甚至呈现倒退趋势。首当其充的是日本。日本在第二次世界大战后，政府实行高度集中的宏观调控政策，集中一切国家资源引进国外先进技术，学习、借鉴国外的先进工艺、科技和管理经验，并加强仿制、模仿和创新工作，进而实现了经济的大飞跃，1961～1973年日本年平均经济增长速度达到9.19%，国民生产总值也由443.07亿美元攀升到1973年4186.40亿美元，日本也由世界第六大经济体跃升成为仅次于美国的世界第二大经济大国。虽然，之后就经历了1973年的石油危机以及1975年和1982年两次全球经济危机，日本经济发展速度有所减缓，但是1975～1991年间日本依然能够维持在年均经济增长速度为4.40%的水平。然而，20世纪80年代后期“泡沫经济”的破灭对日本打击很大。自此之后，日本经济就进入了一个长期的停滞状态，甚至在1998年以及2008年两次金融危机之后，经济发生倒退现象。进入新世纪之后，美国经济也开始呈现出经济下滑趋势，由2004年的经济增长速度3.56%，一直不断下降，到2008年次贷危机发生之后，美国经济出现负增长，2008年度和2009年度美国的经济增长速度分别为－0.001%和－0.263%，这是自1980年之后首次出现经济负增长现象。同时美国次贷危机的影响快速蔓延到全球，引发了骨诺牌效应，进而引发了全球性金融危机，主要的发达国家几乎都难以在这次金融危机中幸免。2009年10月欧盟的成员之一的希腊爆发主权账务危机，当年财政赤字占国内生产总值的比例将超过12%，远高于欧盟允许的3%上限。随后，全球三大评级公司相继下调希腊主权信用评级，欧洲主权债务危机率先在希腊爆发。此后，主权债务危机迅速蔓延到欧盟的其他成员国，葡萄牙，西班牙、爱尔兰，甚至德国和法国或已发生账务危机或已出现债务危机的苗头。欧洲主权债务危机也给世界经济的发展蒙上了一层阴影。

另一方面，部分发展中国家经济发展迅速，但发展方式较为粗放，难以维持持续增长。从图2-2可知，进入21世纪以后，在发达国家的经济增长速度放缓的情况下，中国、印度和俄罗斯等世界主要发展中国家的经济增长速度依然处于相对较高的水平，且大体都呈现出上升趋势，其中，2000～2008年期间中国依然以年均10%的速度增长着，而印度在2000～2002年间的增长速度一直维持在5%，而到了2003年之后印度的经济发展速度就增长至8%以上。对于另外一个主要发展中国家——俄罗斯而言，进入 21 世纪之后经济增长速度大体维持在 5% ~10% 之间的相对较高的水平。这几个发展中国家之所以能够在新世纪之后经济一直保持着高增长，都是具有同样的一个特征：依赖高消耗、高投入的粗放型经济发展方式。从表 2-1 可以清楚的看出，每创造一万美元 GDP 世界平均大致需要消耗能源 3 吨标准油。而日本、美国、德国等发达国家的所需的能耗仅为 1 ~2 吨标准油，其中日本能耗值最低，仅为 1 吨标准油左右，美国相对会高一点，但也仅为 2 吨标准油左右。与此相比，发展中国家的每生产一万美元 GDP 所需消耗的能源量就高很多，其中俄罗斯最高，2002 年俄罗斯的能耗值达到了 21.64 吨标准油，是世界平均水平的 7 倍多，是日本的近 21 倍。虽然近几年来该数值有所下降，但 2008 年俄罗斯每生产一万美元 GDP 所需的能耗值依然处于一种相对较高的水平，为 16.5 吨标准油。而另外两大发展中国家——中国和印度的能耗值虽然不到俄罗斯的三分之一，但与世界平均水平相比，也高出 2 ~3 倍，是发达国家能耗水平的 3 ~4 倍。这充分表明了发展中国家的经济增长对于能源消耗的依赖性较强，经济发展方式过于粗放，在自然资源日益稀缺和环境保护意识日益增强的当今，经济将难以实现可持续发展。

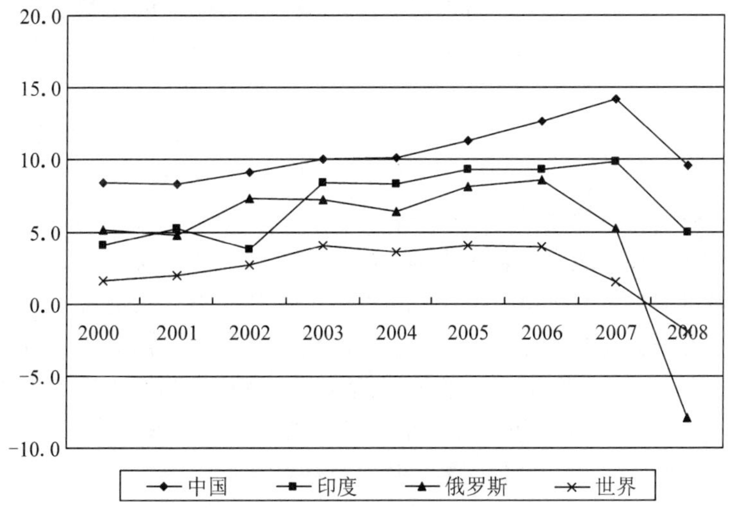

图 2-2　主要发展中国家的经济发展情况

表 2-1　全球主要国家的能源强度(吨标准油/万美元)

国家＼年份	2002	2003	2004	2005	2006	2007
中国	8.45	8.75	9.24	9.08	8.89	7.96
印度	9.53	9.02	8.81	8.35	8.00	7.69

（续）

年份 国家	2002	2003	2004	2005	2006	2007
俄罗斯	21.64	20.87	19.53	18.76	18.00	16.5
日本	1.11	1.08	1.09	1.06	1.03	0.99
美国	2.29	2.23	2.19	2.14	2.06	2.04
法国	1.95	1.96	1.95	1.91	1.85	1.75
德国	1.79	1.81	1.80	1.77	1.73	1.60
英国	1.51	1.49	1.45	1.43	1.37	1.20
世界	3.06	3.08	3.10	3.07	3.03	2.94

数据来源：《国际统计年鉴》2011。

虽然中国、俄罗斯和印度的经济发展方式都较为粗放，但是各国经济发展道路有所不同，阻碍其经济可持续发展的具体原因也会有所不同。

众所周知，自改革开发至今，30多年来中国一直保持着年均10%的经济增长速度，在世界经济发展史上可谓是一个奇迹。中国是“世界制造工厂”，主要是利用大量的廉价劳动力发展劳动密集型产业，从事的都是较为低端的、附加值低的制造加工业，技术含量低，却对劳动力资源和自然资源的消耗比较大，对生态环境的影响较为严重。在自然资源日益稀缺和生态环境保护意识逐渐加强的当今，对于刚步入工业化中期的中国来讲，如果继续持续这种粗放型的发展模式，将难以保持高增长的趋势，并在新一轮的经济制高点的争斗中落后于其他国家。此外，还有一点必须注意的是，中国的经济增长过多的依赖出口和国家基础设施投资，国内需求对于经济增长的带动效应小(高储蓄率、低消费)。这种发展模式在国外市场需求萎靡的情况下，经济就会遭受巨大的冲击。以2008年为例，2001~2007年间中国经济增长速度呈现上升趋势，并在2007年达到顶峰值14.2%，但由于2008年发生全球金融危机，国际市场需求下降，中国的经济增长速度就下滑至9.6%，下降幅度高达32.39%。

俄罗斯拥有丰富的石油、天然气和煤矿等资源，从而依靠能源出口维持了近10年的的经济增长，2008年，仅原料出口的税收和关税就达到1500亿欧元，占到当年俄罗斯财政收入的一半(丹一，2011)，这也是为何俄罗斯单位GDP能耗值高的原因所在。这种资源型经济发展方式显然不仅消耗了大量的不可再生的自然资源，还要完全受制于国际市场行情的波动。由此，在2008年金融危机发生之后，国际油价一路下滑，俄罗斯的经济也随着一落千丈，从2007的5.2%直直跌至2008年的-7.9%，跌幅高达250.46%，给俄罗斯的经济带来的重大的打击。

与中国和俄罗斯的产业结构以工业为主不同，印度的工业产值占国民经济的比重还不到30%，印度的产业主要以服务业为主，2009年印度服务业占国民经济的比重来到了历史的最高点，55.27%。历史经验告诉我们，一个国家的产业发展轨迹往往都是从农业慢慢转移至工业，进而进入工业化中前期，此时，农业所占比重会大幅度下降，工业比重会急剧上升，服务业的比重会慢慢加重，经过这个阶段之后，农业比重会继续下降，工业比重也会慢慢下降，服务业的比重将会大幅度上升，并成为主导产业，进而进入工业化后期。然而，从印度的产业发展轨迹上看，在其经济腾飞的阶段，服务业就成为主导产业，同时农业却依然占据不小的比重，2008年印度农业占国民经济的比重为17.59%，远远高于世界的平均水平2.87%。由此可知，印度的产业发展是跳过工业化中前期，直接迈入工业化后期，缺乏工业化初期的基础设施完善阶段，据世界银行统计，近年来印度经济虽然一直保持者9%的高增长，但是仅有GDP的4%是用于基础设施建设，社会基础设施建设速度远远落后与经济发展速度，这使得经济的可持续发展存在着不小的隐患。这也是为什么在服务业如此发达的情况下，由于节能减排的硬件设施建设没有跟上，导致印度的能耗依然偏大。

(二)世界能源面临枯竭危机

据《BP世界能源统计年鉴2011》发表的最新数据，2010年全球一次性能源消费量为12002.4百万吨标准油，与2000年的消费量9382.4百万吨标准油相比，涨幅达到27.92%，年均增加2.49%，其中石油、天然气和煤炭等化石燃料的消费量分别为4028.1百万吨标准油、2858.1百万吨标准油和3555.8百万吨标准油，而核能、水电和其他可再生能源的消费量则分为626.2百万吨标准油、775.6百万吨标准油和158.6百万吨标准油。从中可知，石油、天然气和煤炭等不可再生能源占全球能源消费量的比重依然高达87.00%，其中石油依然是全球主要的消费能源，比重高达33.56%，煤炭和天然气分列二、三位，分别占全球一次性能源消费量的29.63%和23.81%。而核能、水电、风能、生物能等可再生能源在全球能源消费结构中的比重依然不高，仅为13%(如图2-3)。由此可知，当前世界能源消费依然以不可再生的化石燃料能源为主，可再生能源消费量还处于一个起步阶段，全球能源消费结构还没有完成结构转型。

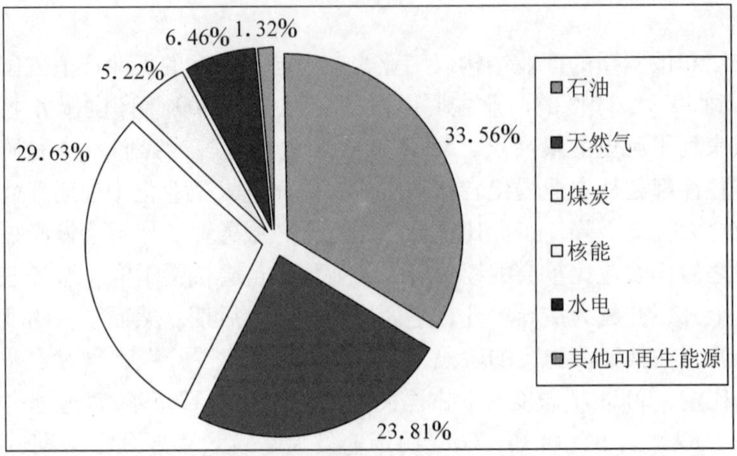

图 2-3 2010 年度世界能源消费结构

从图 2-4 可知，中国的能源消费结构也是以石油、煤炭和天然气等不可再生能源为主，但与世界主要能源结构以石油为主所不同的是，中国的主要消费能源是碳排放强度更高的煤炭资源，自改革开发以来，中国每年消耗的煤炭平均占总消耗能源的 70%，而石油次之仅为 20% 左右，这主要是因为我国的煤炭资源比较丰富的原因。我国能源消费过于依赖于煤炭资源，导致煤炭资源被过渡的开采，截至 2010 年 6 月，我国煤炭资源的储产比仅为 35，远低于美国的 241，更无法跟俄罗斯的 495 相比较。

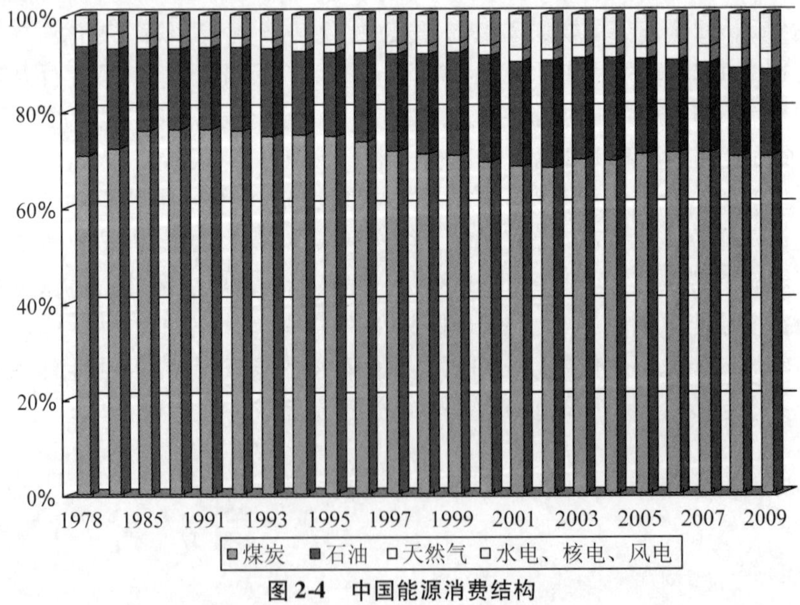

图 2-4 中国能源消费结构

而从目前的探明储量来看，截至2010年6月石油、天然气和煤炭的储产比分为46.2、58.6和118.0，从中可知，作为全球消费量最大的能源——石油的储量只能够维持再开发将近46.2年就会枯竭。部分学者的研究也证明了石油发展前景的不乐观，美国加利福尼亚大学戴维斯分校研究民用和环保工程的教授黛比·尼迈尔在2010年18日在《环境科学与技术》期刊上发表的最新研究报告指出，以目前的新技术研究和推广速度来看，人类无法赶在全球石油耗尽前改用替代燃料，可再生能源和新型环保燃料要到2140年才能在全世界广泛应用，但碳氢化合物燃料可能在2050年就会枯竭。

而从分国家的能源消费所占比重上看，美国、中国、俄罗斯、印度和日本分列世界前五大能源消费国。表2-2显示了世界五大能源消费国的能源消费比重的变动情况：自进入新世纪以来，这5大国家的能源消费占全球能源消费总量的比重一直维持在一半以上，且所占比重越来越大，从2000年的50.97%，一路攀升至2010年的53.61%，其中俄罗斯、印度和日本的能源消费比重不大，都维持在一定相对稳定的水平，而中国和美国则呈现较大变化。在2000~2010年期间，美国在大部分时期内都是世界能源消费最多的国家，但其能源消费量所占世界能源总消费量的比重在不断的下降，从2000年的24.66%一直下降到2010年19.04%，在十年间减少了5.62个百分点。而中国却相反，在2010年前中国的能源消费比重一直在美国之后，位于全球第二，但是所占比重一直呈现上升趋势，并在2010年首次超过美国，成为全球能源消费第一大国，在这十年间中国能源消费比重从2000年的11.07%，增加至2010年的20.26%，足足增加了9.19个百分点，这也再一次表明了进入新世纪之后，中国依靠大量消耗能源以取得经济增长的粗放型发展方式依然没有得到根本的改变，产业结构转型升级任务依然任重道远。

表2-2 世界五大能源消费国的所占比重变动情况(%)

	2000	2001	2002	2003	2004	2005	2006	2007	2008	2009	2010
中国	11.07	11.33	11.82	13.14	14.61	15.66	16.76	17.52	18.03	19.25	20.26
美国	24.66	23.87	23.78	23.03	22.41	21.77	21.04	20.82	20.11	19.40	19.04
俄罗斯	6.61	6.67	6.56	6.50	6.28	6.09	6.09	6.02	5.99	5.76	5.76
印度	3.15	3.14	3.20	3.17	3.30	3.37	3.44	3.64	3.85	4.22	4.37
日本	5.48	5.42	5.29	5.11	4.98	4.88	4.76	4.59	4.47	4.16	4.17
合计	50.97	50.43	50.64	50.95	51.57	51.77	52.09	52.58	52.46	52.80	53.61

数据来源：《BP世界能源统计年鉴2011》。

而从各国能源消费量的变动情况上看(图2-5)，2000~2010年间，中国、俄罗斯和印度的能源消费量都呈现持续上升趋势，从中可知发展中国家的经济发展中消耗了大量的能源，发展中国家在节能方面的努力还有待进一步加强。三个发展中国家中涨幅最小的是俄罗斯，从2000年的620.4百万吨标准油小幅上升至2010年的690.9，涨幅为11.36%；印度则排在第二，从2000年的295.8百万吨标准油增加到2010年的524.2，涨幅高达77.21%；但与中国相比，印度的涨幅并不算大，中国2000年的一次性能源消费量仅为1038.2百万吨标准油，到了2010年中国一次性能源的消费量达到了2432.2百万吨标准油，涨幅高达134.27%，能源消费量年均增加8.89%，与中国经济发展速度相当，由此可知，中国经济的增长对于能源消费的依赖性很大，平均GDP每增长一个百分点，能源消耗也要增长一个百分点。而对于发达国家，美国和日本在这十年间的能源消费量大体呈现波动下降的趋势，与2000年的能源消费量相比，2010年美国和日本的能源消费量的跌幅分为-1.21%和-2.57%，表明美国和日本在节能工作还是取得一定的成效。，值得中国、印度和俄罗斯等发展中国家学习和借鉴。

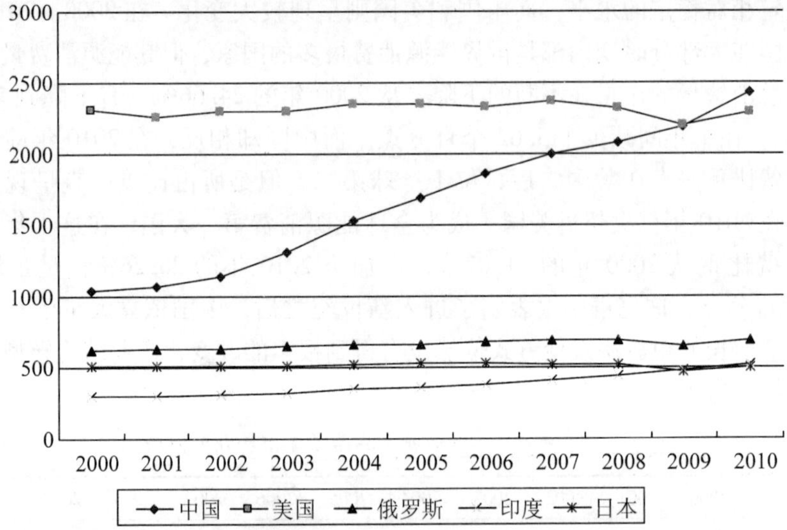

图2-5　世界五大能源消费国2000～2010年间消费量变动情况

(三)世界生态环境日益恶化

目前，高碳生活、生产方式给环境保护带来巨大的压力。生态环境恶化的最明显体现就是温室效应增强，据有关部门的统计数据显示，2007年大气中的二氧化碳浓度已超过430μl/L，而在工业革命之前该数值仅为280μl/L。大气中二氧化碳浓度的不断升高，其最直接结果是导致大气气候发生剧烈变化，温室效应继续加强，全球气候变暖步伐不断加快。据联合国政府间气候变化专门委员会(IPCC)2007年的评估报告指出，20世纪全球地表的平均问题上升了0.74℃，如不尽快采取实质行动，未来100年球平均气温将上升3～6℃，海平面将上升15～35m，导致接近一半的生物物种灭绝(IPCC，2007)。我国国家气象局和中国科学院的调查也发现，20世纪我国的平均气温上升了1.1℃，远高于世界平均水平。更为严峻的是气候上升的趋势将不会停止，反而有可能进一步加剧。

全球的科学家们普遍达成一个共识：全球气候变化的主要原因是温室气体的排放，尤其是二氧化碳气体的排放。从图2-6可知，1960～2007年间，除俄罗斯之外的世界主要的国家和地区的二氧化碳排放量大体都呈现持续上升趋势，主要原因是因为在全球工业化的进程中，无论是发达国家还是发展中国家都是依靠消耗大量的资源来实现经济的增长的。从整体上看，两大经济体美国和欧盟的二氧化碳排放量一直处于前两位，一直远远高于世界其他国家和地区，但两者还是有所区别的。1960～2007年间，美国的二氧化碳排放量在大体呈现波动上升趋势，且在大部分时间都是全球二氧化碳排放量最多的国家，虽然在20世纪70年代受到两次经济危机冲击，二氧化碳在此阶段有所下降，但随后就一直不断攀升，并在2005年达到最高值58.36亿吨，而2006年小幅度下降到57.53以后，2007年又上升至58.32亿吨，与1960年的排放量29.19亿吨相比，涨幅高达99.79%，年均增长1.48%；而欧盟则以1979年为分界点，1979年之前，二氧化碳排放量呈现持续上升趋势，从1960年的23.40亿吨，一直攀升到1979年的历史最高点46.07亿吨，此后，随着环境保护意识重视程度不断加深，欧盟的二氧化碳排放量就呈现波动下降趋势，进入21世纪之后，欧盟的二氧化碳排放量就大致维持在40亿吨左右的水平上。而被国际社会一直关注的二氧化碳排放大国——中国，由于人口总量大，再加上工业化进程发展迅速，在1960年代的起始阶段短暂的小幅度下降之后，随着人口不断剧增和工业化进程的日益深入，中国的二氧化碳排放量就一路攀升，1970年超过了日本的排放水平，成为世界第三大二氧化碳排放国，紧接着又分别于2003年和2006年超过欧盟和美国，成为世界二氧化碳排放量最大的国家。虽然由于人口总量大，中国人均二氧化碳的排放量不高，但是要值得注意的是，在1960～2007年的47年间，中国二氧化碳排放量年均增长率达到了4.63%，而人口的年均增长率却仅为1.46%，这表明中国二氧化碳排放量大的主要原因并非仅为人口的增长，更多的是经济发展方式的粗放所导致，这就要求中国应当尽快实现产业结构升级，推进节能减排工作，以阻止二氧化碳排放量的继续升高。

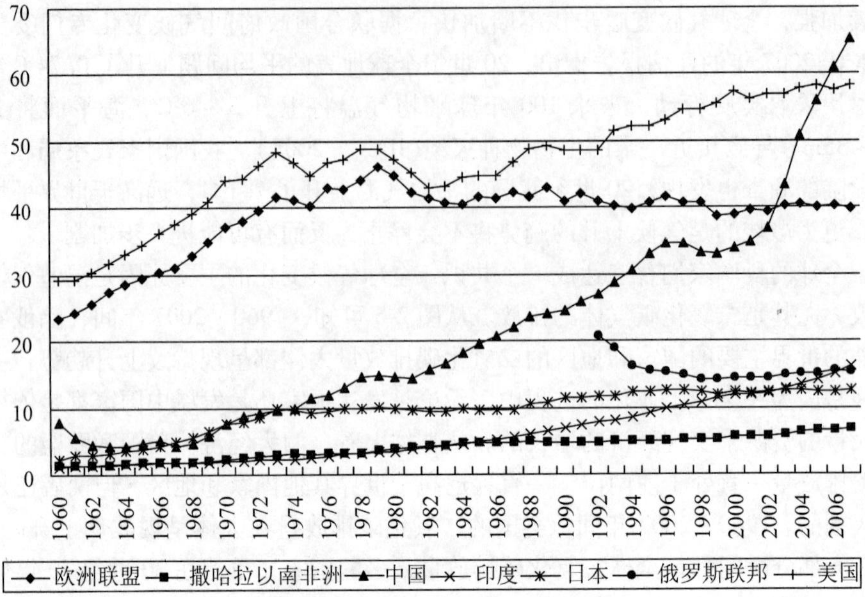

图 2-6　1960～2007 年间部分国家或地区二氧化碳排放量(单位：亿吨)

数据来源：世界银行网站

从图 2-7 可知，1960～2007 年间全球人均二氧化碳排放量呈现平稳上升趋势，由 1960 年的 3.11 吨/人上升至 4.63 吨/人，在这将近 50 年间，全球人均二氧化碳排放量增加了 1.52 吨，涨幅达到 48.64%。而从各个国家或地区的人均二氧化碳排放量上看，发达国家的人均二氧化碳排放量远远高于世界平均水平：由美国和加拿大两个发达国家主要组成的北美地区的人均二氧化碳排放量一直远远高于其他国家和地区，从 1960 年的 15.67 吨/人一直上升至 1973 年最高值 22.29 吨/人，之后虽有所下降，但也始终维持在 20 吨/人的水平；人均二氧化碳排放量排在第二位是欧盟，也是呈现出先上升后下降的趋势，1960 年的人均二氧化碳排放量为 5.84 吨，1979 年达到了历史的最高点，首次突破 10 吨，之后就呈现下降趋势，一直维持在人均排放 8 吨的水平左右；日本在第二次世界大战以后通过技术引进等方式大力发展制造业等高产值产业，同时也排放了大量的二氧化碳，排放量相应的呈现出持续上升趋势，从 1960 年还处于世界平均水平之下，为 2.47 吨/人，到了 1964 年，日本的人均二氧化碳排放量就超过了世界平均水平，之后就呈现出高速增长的趋势，1960～1996 年间，日本的人均二氧化碳排放量的年均增长速度达到了 3.98%，虽然受到 20 世纪 90 年代末经济发展滞涨的影响，日本经济一直处于停滞不前的状态，但从 90 年代中期至今日本的人均二氧化碳的排放量依然处于 10 吨/人的水平上。

图 2-7 还显示了 1960～2007 年间部分发展中国家或地区人均二氧化碳排放量的变动情况，从几个主要发展中国家或地区上看，除俄罗斯之外的大部分国家或地区的人均二氧化碳排放量都位于世界平均水平之下：由于前苏联时期的产业发展重点放在重工业方面，因此，即使在 1992 年前苏联解体之后，作为其主体国家，俄罗斯的主导产业还是无法摆脱重排放、高污染的重工业，虽然通过制造

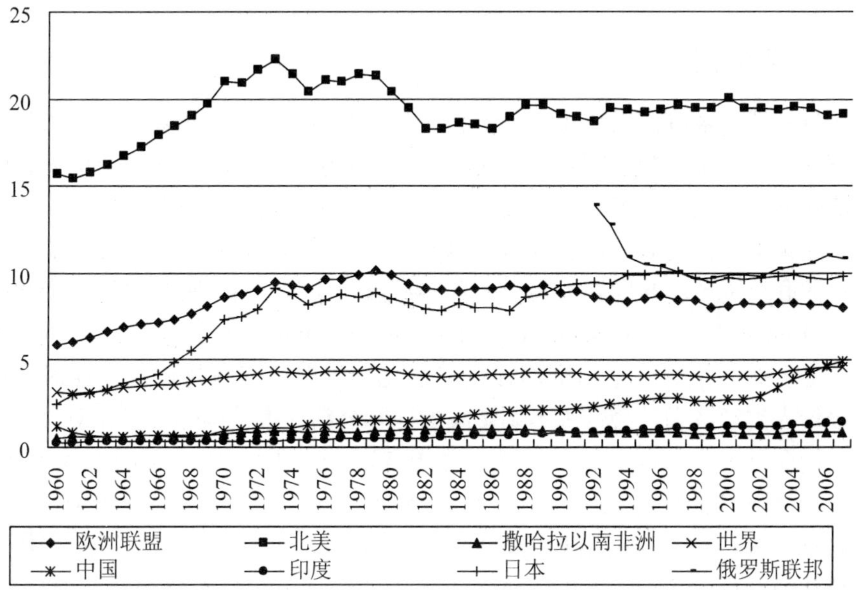

图 2-7　1960～2007 年间部分国家或地区人均二氧化碳排放量(单位：人均吨)

数据来源于：世界银行网站

工艺革新、技术改进以及产业结构升级等方式，人均二氧化碳排放量有所下降，但是俄罗斯的人均二氧化碳排放量大体维持在 10 吨/人以上，是目前全球人均二氧化碳排放量仅次于北美地区的国家；而对于另外两大发展中国家——中国和印度，都保持着高速的经济发展速度，人均二氧化碳也呈现不同程度的上升趋势，其中，中国在 2006 年之后的人均二氧化碳排放量首次高于世界平均水平，这主要是因为自改革开放以后中国经济进入了高速发展轨道，但这种经济的高速发展是依靠高污染、高排放、高能耗的化工、机械制造等工业所支撑，是以牺牲环境代价得来的。而印度则不同，虽然他们的经济发展速度也相当迅速，但是主要是依靠软件开发、外包等高新技术产业，碳的排放量相对较少，因此印度的人均二氧化碳排放量一直远远低于世界平均水平。而在最为贫穷的南非地区，尚处于农耕社会，工业化程度非常低，二氧化碳排放量本身相对也非常低，更何况是人均二氧化碳排放量。从中可知，发达国家应在共同但有区别的责任原则下，主动挑

起减排的义务，而包括中国和印度在内的发展中国家不应承担二氧化碳减排的主要任务，而应在发达国家技术和资金的帮助下，有条件的、逐步的自愿开展节排工作。

三、实践情况

（一）世界范围

从目前情况来看，以欧盟、美国和日本为首的世界发达国家正在强力推动低碳经济的发展，实行“碳关税”和“碳减排”之声不绝于耳，无论是否情愿，向低碳经济转型已经成为世界经济发展的一大趋势，这体现在以下几个方面：

首先，国际社会对气候变化高度关注。1992 年 6 月 4 日，在巴西里约热内卢举行的联合国环境与发展大会（地球首脑会议）上通过了《联合国气候变化框架公约》（United Nations Framework Convention on Climate Change，以下简称《公约》），这是世界上第一个为全面控制二氧化碳等温室气体排放，以应对全球气候变暖给人类经济和社会带来不利影响的国际公约，也是国际社会在对付全球气候变化问题上进行国际合作的一个基本框架。《公约》规定发达国家为缔约方，应采取措施限制温室气体排放，同时要向发展中国家提供新的额外资金以支付发展中国家履行《公约》所需增加的费用，并采取一切可行的措施促进和方便有关技术转让的进行。此后，世界各国对于气候变化的关注日益增加，自 1995 年在德国柏林举行的第一次联合国气候大会至今，已经举办了 17 次联合国气候大会，取得了不同程度的成果。在 2007 年 1 月 23 日的达沃斯世界经济论坛年会上，气候变化问题成为压倒一切的首要问题，随后在 2007 年 2 月的第二届 G8 + 5 气候变化议员论坛上，发达国家态度坚决地希望把大气中二氧化碳的浓度稳定在 450 ~ 550μl/L。2009 年 12 月 7 日到 12 月 18 日，备受瞩目的哥本哈根气候变化会议召开，发展中国家和发达国家在会上进行协商讨论，各国政府都对气候变化投入了巨大的关注，对低碳经济的关注更上了一个台阶。各国都在国际舞台上进行气候外交的博弈，以期为国家取得更多的利益。

其次，对低碳经济市场的争夺已经在世界范围展开。《京都议定书》催生了碳市场的形成和快速发展。根据议定书的规定，发达国家需要减排 50 亿~55 亿吨的 CO_2，其中的 50% 可以通过同发展中国家进行碳交易来实现，如向发展中国家提供先进的技术来开发新能源、进行技术改造实现减排目标。由于这种交易需要通过国际机构的参与才能进行，所以除了世界银行等组织以外，在议定书生效后，国际上就成立了许多专门从事碳交易的机构，名目繁多的国际“碳基金”、碳交易所和公司应运而生，同时还成立了国际碳贸易协会(I－ETA)，这些组织产生与发展都有力地促进了全球的碳交易。2006年，全球碳交易和清洁生产机制(CDM)碳交易市场达到300亿美元。目前，全球已有50多家金融机构加入全球气候变化投资网络，投资额达到了13万亿美元(吴晓青，2008)，其中世界银行以其特殊的优势成为全球碳交易的最大买家。市场的逐步兴起与市场机制的逐步完善将成为推动低碳经济发展的重要力量。

最后，各国均有所行动。目前，欧美一些国家正掀起一场以高能效、低排放为核心的“新工业革命”，以占领新时期产业制高点，为自身经济寻找新的增长点，表现在各国都先后制定了相应的刺激计划和政策制度：绿色新政(美国)、投资低碳革命(日本)等，制定了鼓励对低碳经济投资以及应对气候变化的诸多政策。正如奥巴马总统的经济会议主席萨马斯提出了“聪明的支出”一样，这些经济刺激都是在投资“未来”，摒弃增加能源消耗，增加二氧化碳排放量的刺激方式，改向兼顾气候变化、节能环保和减排温室气体的经济刺激方式。而最早提出低碳经济概念的英国，早已先后实施了气候变化税、气候变化协议、排放贸易机制、碳信托基金等多项经济政策，欧洲的其他国家如丹麦、德国、奥地利、荷兰、瑞典和挪威等过也都相应开征国家碳税或者能源税等多种与环境和气候相关的税收。日本制定了《新阳光计划》，提出要在1993～2020年期间支出110亿美元的财政预算于能源与环境的技术研发。美国虽然没有签署《京都议定书》，然而对低碳经济的发展却也不遗余力，不仅投入巨资研发低碳技术，积极制定生物燃料、太阳能设备和二氧化碳零排放的发电厂等项目的开发计划，还于最近颁布实施了《能源政策法》以提供法律的保障。奥巴马提出的能源新政可谓是一石三鸟的新战略：通过发展新能源，一是克服能源挑战，降低能源的对外依存度，这是历届总统想办却未能办到的事情；二是保障国家的能源安全，抢占经济制高点；三是提供更多的岗位以解决就业，提振经济。

(二)中　国

虽然目前我国的人均CO_2排放量还不到发达国家平均水平的1/3，但从总量上看，已经成为第二大排放国，我国政府以负责任的态度，已经采取了一系列的措施。我国《国民经济和社会发展第十一个五年规划纲要》明确提出，“十一五”期间单位国内生产总值能耗降低20%左右，主要污染物排放总量减少10%的约束性指标。这表明我国在追求经济发展的过程中加入了约束性的指标，将“低碳”提升至战略高度。在具体的行动中，我国采取了调整经济和产业结构、推动技术进步、提高能源利用效率；优化能源结构、发展低碳能源和可再生能源；植树造林；加强法制建设和宣传力度等方面的一系列政策和措施，尽可能减少温室气体排放。

所实施的政策措施和行动取得了显著的成效。截至2009年年底，我国“十一五”规划实施的前四年中，全国单位GDP能耗下降了14.38%、化学需氧量的排放总量下降了9.66%、二氧化硫排放总量下降了13.14%，提前完成了减排的目标①。2008年，我国可再生能源利用量达到2.5亿吨标准煤，约占一次能源的9%。水电装机容量、核电在建规模、太阳能热水器集热面积和太阳能光伏发电累计容量均居世界第一，风电装机也跃居世界第四。截至2008年年底，全国农村建成户用沼气池3050万户，年产沼气约120亿立方米，相当于少排放二氧化碳4900多万吨②。另外，我国还通过植树造林，天然林保护、退耕还林还草等工程不断增强林业碳汇能力，农业、农村温室气体排放明显减少。

“低碳”的理念也开始逐渐进入地方政府决策的层面。上海、保定、吉林、杭州、德州、厦门、长沙和武汉等地都已经逐步开始了低碳城市的建设。2008年1月28日，全球性保护组织WWF(世界自然基金会)在北京正式启动“中国低碳城市发展项目”，上海、保定入选首批试点城市。为了实现低碳城市的目标，在未来的几年里，WWF将从上海与保定这两个试点城市的建筑节能、可再生能源和节能产品制造与应用等领域中，总结出可行模式，然后陆续向全国推广。2009年11月，江西省政府发布了《绿色崛起之路——江西省低碳经济社会发展纲要》③，被称为我国首个低碳经济白皮书。该纲要中阐述了江西低碳经济发展区域布局的思路，重点是发挥鄱阳湖生态经济区的龙头作用。

四、趋　势

首先，低碳经济的全球化趋势加快。发展低碳经济需要世界各国的共同努力和行动。温室气体的排放是一个全球性的公共产品，这就决定了仅凭单个国家或一些国家的努力是不够的。2009年世界银行发布《2010世界发展报告：发展与气候变化》，指出发展中国家面对气候变化的威胁更加严重，所以必须转向低碳经济，当然前提条件是发达国家要提供技术和资金的援助。因此，低碳经济应该也必然会全球化，世界各国应该也必然会共同走向低碳经济，由此将汇成“第五次世界经济革命”的浪潮。

其次，低碳技术发展迅速。正如2009年3月奥巴马总统在美国国会的讲演

① 打好节能减排攻坚战和持久战[N]. 中国环境报，2010-03-08。

② 应对全球气候变暖的中国行动[N]. 光明日报，2009-08-25。

③ 产业：布局合理是发展低碳经济关键[N]. 中国经济时报，2009-12-16。

中说指出“掌握低碳技术与可再生能源之命脉的国家将主导21世纪”。低碳技术和相关设备是发展低碳经济的物质基础和重要支撑。从目前的情况来看，包括碳汇技术、碳减排技术、碳捕获技术、新能源及其产业群技术、低碳生活技术等在内的低碳技术体系在农业、工业、建筑、交通、服务、管理等行业均有加速发展并逐渐形成技术体系的趋势。

再次，低碳规则的制定加快。回顾世界经济发展，世界各国都致力于制定世界范围内经济发展的游戏规则。如果说联合国宪章是以土地资源为主的农业文明的游戏规则、WTO是围绕工业文明的游戏规则，那么《联合国气候变化框架公约》就很可能是未来生态文明的游戏规则，低碳经济的发展是参与制定这个游戏规则的途径和手段。可以说，谁占领了低碳经济发展的制高点，谁就有了发言权。我们要警惕一些发达国家可能凭借其领先的技术推动形成减排方面的贸易壁垒，要树立国际视野，进行生产技术和设备的改变，以适应国际贸易的需要，为将来的国际竞争打好基础。

最后，低碳经济竞争加剧。在经济全球化时代，任何一个国家都必须面对激烈的国际竞争，在竞争中发挥自身的比较优势、培育竞争优势。作为新的经济发展形式，新的经济增长点，低碳经济势必成为各国抢占的高点，竞争激烈。发达国家在发展低碳经济方面具有技术、资本和市场方面的先发优势，出于本国经济发展的需要，通过发展低碳经济，摆脱碳排放依赖，不仅在长期不会削弱其国家竞争力，反而会经由摆脱碳排放依赖而提高其整体竞争优势。相对而言，发展中国家仍然需要在较长的一段时期内积蓄其发展的能量，更依赖于能源的消耗和一定的碳排放，然而即便如此，作为碳排放大国的发展中国家如中国，不会轻易放弃这一轮新的竞争浪潮，可以预见，发展中国家在争取更多减排方面的权利的同时，也会积极发展低碳相关的技术和产业，出台相应的低碳转型发展战略，以应对今后必将面临的低碳竞争挑战。

第二节　低碳经济的功能

在改革开发的战略和政策的推动下，我国的制造业得以迅速发展，是30年的经济快速增长内在的动力，也因此被称为是“世界的加工厂”。但应当看到，我国的经济快速增长是以大量消耗资源和破坏环境为代价，这样的传统工业化道路是难以为继的。消费乏力、资源环境危机的严峻现实迫切要求我们要转变经济发展方式，要发展低碳经济，实现对传统经济的改造与提升。低碳经济的实质之一就是转变经济发展模式，将原先的“三高”模式逐步调整，尽量减少经济发展过程中的资源浪费和环境破坏，可以说，发展低碳经济与生态文明建设、落实科学发展观，建设资源节约型和环境友好型社会的目标和本质是一致的。

而且，国际经验反复证明，产业革命是经济发展方式的催化剂，每一轮产业革命都会催生出新的发展方式。不仅如此，产业革命还是经济危机的拯救器。第二次世界大战中兴起的军事科技产业，拯救了经济大危机，带动了战后世界经济20多年的高速增长。20世纪80年代兴起的微电子技术新产业，拯救了70年代由石油引发的世界经济大危机，带动了近20年全球经济的大繁荣。可见，每一轮新的产业革命之后，都会出现新一轮经济增长的高潮(刘上洋，2011)。目前，世界各国普遍认为以新能源为主要内容的低碳经济将会成为新一轮的产业革命，将会带动世界经济再一次繁荣，同时低碳经济还将有利于解决世界能源危机，有利于解决环境污染问题。

一、低碳经济是新一轮经济发展的主要增长点

世界经济在20世纪90年代长时间快速增长中积累了各种结构性矛盾，但近几年在各国宏观经济政策的调控下，世界经济并没有进行深度调整。与美国相比，欧元区、日本结构改革步伐更为缓慢，经济体制僵化、结构改革推进艰难成为欧元区经济发展的最主要制约因素。从长期看，经济结构调整和生产率提高将为全球经济增长、居民消费和福利水平提高提供持久的动力和空间。但是，仅靠货币政策调整和救市措施对于低迷的生产力无法产生刺激作用，而积极进行结构调整，找到实现新一轮经济发展的增长点才是摆在各国政府面前的真正难题。20世纪90年代，以信息技术为核心的新技术革命使以美国为代表的发达国家经济重新获得发展的动力，随着当前世界经济格局的变化，发展中经济体在世界经济发展中的作用将更加突出。因此，世界经济摆脱“危机”和“失衡”，实现新一轮可持续增长有赖于新兴经济体的引领和新技术革命的到来。

低碳经济是以低能耗、低排放、低污染为基础的经济模式，是人类社会继原始文明、农业文明、工业文明之后的又一大进步。其实质是提高能源利用率和创建清洁能源结构，核心是技术创新和发展观的转变。发展低碳经济是一场涉及生产模式、生活方式、价值观念和国家权益的全球革命。低碳经济像其他的重大历史变革一样，将成为新一轮经济增长的推动力。历史的经验教训表明，历次大的国际金融、经济危机，要真正走出来，货币政策固然是重要的，但从长远来看，主要要靠新产业、新技术、新的增长点。现在来看，低碳经济就可能是这个新产业、新技术、新的增长点。低碳经济是以技术创新为核心的产业革命，将催生新

的经济增长点，成为2008年金融危机后世界经济新一轮增长的强大动力（钟史明，2011）。低碳经济主要对于经济的拉动作用主要基于以下两大方面：

（1）低碳经济能够新增就业岗位。英国学者D·麦凯维等（2010）的研究表明，可通过发展新兴能源行业、改造传统能源结构、实现财政激励（主要指征收温室气体排放税）以规范和完善相关的法律法规等方式创造新就业岗位。James R Stone认为低碳经济能够促使传统行业通过工艺改进而新增就业岗位；Robert Pollin则以美国政府投资低碳经济为例，指出政府的低碳投资对就业的拉动具有直接效应、间接效应和引致性效应。

据联合国环境规划署（UNEP）估计，2006年世界各个国家通过投资太阳能、风能、生物能等可再生能源行业新创造2300万岗位，其中生物能行业最多，为117.4万人，太阳能行业所创造的就业也有79.4万人以上，风能、水利和地热等行业也分别创造新就业30万、3.9万、2.5万人（见表2-3）。根据联合国环境规划署（UNEP）的估计，如果现在的增长速度可以持续，到2030年，将有210万人在风能领域工作，630万人在太阳能领域工作，1200万人在生物能源相关的农业和工业领域工作。由此可知，低碳经济对于就业的促进作用相当明显（吴燕平等，2010）。

表2-3　2006年可再生能源部门创造的就业岗位　　单位：个

	生物能行业	太阳能行业	风能行业	水力行业	地热行业
巴西	500000	—	—	—	—
美国	312200	17600	36800	19000	21000
中国	266000	655000	22200	—	—
德国	95000	48300	82100	—	4200
西班牙	10349	35641	35000	—	—
丹麦	—	—	21000	—	—
印度	—	—	10000	—	—
欧洲	—	—	—	20000	—
世界	1174000	794000	300000	390000	25000

数据来源：联合国环境规划署（UNEP）。

低碳经济对就业的促进作用，对深陷失业困境的欧盟来讲是一道曙光。在欧盟委员会公布的《2009年度欧洲就业报告》中指出，在金融危机的冲击之下，欧盟的失业问题相当严峻，以欧元区16国为例，2009年9月份失业率为9.7%，2010年将上升至10.7%，而2011年将达到10.9%。此时，欧盟找到的药方就是，只有大力发展低碳经济，才能有望找到新的经济增长点，创造“绿色”就业岗位，最终缓解失业带来的困扰及社会问题。目前在德国，由于发展低碳经济而产生的就业机会有100多万个，预计到2020年还可以翻番。同时研究还表明，欧盟仅再生能源行业的就业人数就可以在2020年达到280万，是2005年的一倍。尽管随着再生能源的兴起，传统能源行业的就业将面临萎缩，但两项比较，再生能源行业仍可创造近40万个就业机会。

据中国社会科学院2009年发布的《气候变化绿皮书》指出，中国目前处于以资本和能源密集化为特征的工业化中后期，城市化水平与社会消费需求还在持续提升，低碳经济发展模式将带来我国就业新机会。中国的可再生能源产业蕴含着巨大的就业潜力。仅以小水电和其它可再生能源为例，2000年我国小水电企业有2万多家，固定资产近3000亿元，从业职工52万人，为安排农村剩余劳动力做出了巨大贡献。太阳能企业、风能企业、生物质能企业共计2100多家。如果每家企业按20人计，全国从业人员也在4万人以上。显然，随着科学技术的进步和产业的发展，可再生能源可为社会创造更多的就业机会。据不完全统计，中国的可再生能源产业可能提供近百万个就业机会。

(2)低碳产业发展前景良好，可创造巨大的经济效益。一个国家经济的增长主要靠投资、需求和出口三驾马车拉动，而从整个世界上看，投资和需求是关键。

投资方面：自从低碳经济的概念提出以来，越来越多的国家在低碳技术和低碳产业上进行投资：据2009年环境规划署的最新报告表明，2008年全球绿色能源(太阳能、风能、生物能源等)发电的投资达到了1400亿美元，首次超过了煤炭和室友发电的1100亿美元。美国总统奥巴马上任后签署的总额为7870亿美元的经济刺激计划成为"绿色新政"的开端；欧盟2009年3月9日宣布，将在2013年之前投资1050亿欧元支持欧盟地区的"绿色经济"，促进就业和经济增长，保持欧盟在"绿色技术"领域的世界领先地位。2009年英国能源和气候变化部发布的《英国低碳转换技术》中指出到2020年底，其中英国政府将投资300亿英镑指出可再生能源发电和取暖；作为世界上最大的发展中国家，中国也已成为"绿色产业革命"的主要践行者。中国政府2009年公布的4万亿元人民币的经济刺激计划中，有3400亿元用于绿色项目；在2008年1月达沃斯世界经济论坛上，日本首相福田宣布今后5年日本将投入300亿美元来推进"环境能源革新技术开发计划"，目的就是为了率先开发出减少碳排放的革新技术；据2009年麦肯锡公司的预计，2011~2015年，全球对低碳技术的投资额将达到每年3170亿欧元，而这个数字在2016~2030年将会增加至8110亿欧元，低碳技术投资将成为经济增长的一个重要推动力。

需求方面：需求对于经济的拉动作用主要体现在低碳产品市场蓬勃发展、低碳行业发展前景大以碳排放交易市场日益成熟等三个方面：

——低碳产品市场蓬勃发展。据罗兰贝格调查公司的一项调查表明，目前全世界环境产品和服务的市场达到1370亿美元。到2020年，这一市场将会增加到2740亿美元，增长潜力巨大。

——低碳行业发展前景大。根据汇丰（HSBC）的一项研究也显示，2008年，全球气候变化行业中的上市企业（包括可再生能源发电、核能、能源管理、水处理和垃圾处理企业）的营业总额达到了5340亿美元，超过了5300亿美元的航天与国防业的营业总额。据该项研究披露，尽管全球出现了经济衰退，但低碳行业2008年的收入仍大幅增长了75%，并预计2020年的年收入将超过2万亿美元。

——碳交易市场日益成熟。目前全球碳交易的配额市场和项目市场逐步形成，并出现了爆炸性增长。2004年仅为3.77亿欧元，2005年即上升至94亿欧元，2007年全球碳交易市场价值即达400亿欧元，比2006年的220亿欧元上升了81.8%，2008年即使在美国次贷危机引发全球性衰退和金融危机的情况下，全球碳交易市场依然保持爆炸式增长态势，全年交易额达910欧元左右。据测算，全球碳交易在2008~2012年间，市场规模每年可达500亿欧元，2012年全球碳交易市场容量为1400亿欧元（约合1900亿美元），有望超过石油市场成为世界第一大市场。

二、低碳经济是解决世界能源危机的重要举措

低碳经济主要核心内容是能源变革，其最初原型是根据能源发展的要求而塑造出来的，目的在于解决能源问题（P Ekins，2001）。它是在气候变化背景下，人类应对能源危机的的重要举措。可再生能源和清洁能源的开发和利用是发展低碳经济的一个核心内容，也是解决能源危机的一个根本途径。当前，由于石油、天然气和煤炭等不可再生能源是有限的，且对环境有害，然而经济发展又离开不能源的支持，因此世界各国开始着手于开发太阳能、风能、生物能等可再生能源和清洁能源。据统计，2009年全球向低碳能源的资金投入总额逾5000亿美元，其中最多的来自中国、美国、韩国和欧盟（朱轩彤，2011）。在这种局势下，可再生能源和清洁能源发展迅速，2002~2007年间，太阳能消费量的年均增长速度高达40.6%，远远高于其他能源的增长率，风能和生物燃料的消费量分以年均增长24.1%和19.8%位列二、三位，而传统能源煤炭、天然气和石油的年均增长率则分别为5.9%、3.1%和1.8%。从中可知，相对于太阳能、风能和生物能等可再生能源的发展速度，煤炭、天然气和石油等化石燃料的年均增长速度较为缓慢。清洁能源中的水力发电也由于需要要有部分的化石燃料作为基础，因此增长速度受到化石燃料的限制，仅为3.1%，有待进一步发展。而核能发电需要核裂变和核聚变等高科技技术的支撑，在当今世界仅有几个国家拥有这个技术，

因此发展的较为缓慢，在各种能源中年均增长率最低，仅为 0.4%，具体如图 2-8 所示。

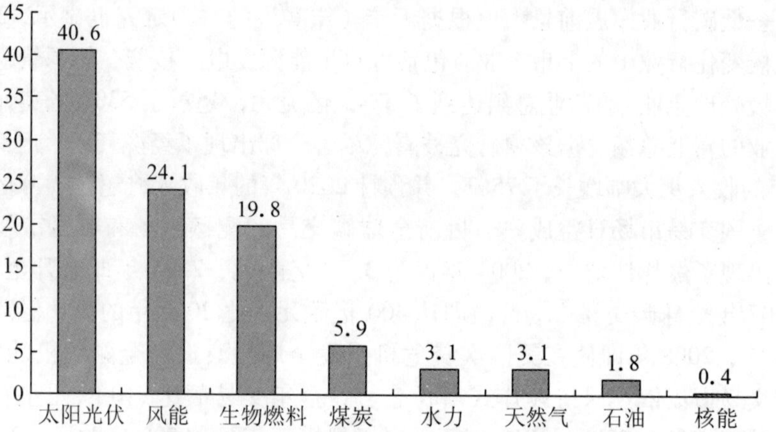

图 2-8 2002～2007 年世界年均能源增长率

数据来源：《世界能源统计观察》(2008 年)

世界各个国家都非常重视新能源的开发和利用，都将其视为一个解决能源危机的根本途径：

欧盟十分注重新能源发展政策，尤其是在能源需求不断增加和能源价格不断上涨的当今，在 2007 年欧盟首脑会议上，欧盟 27 国领导人一致通过了新能源政策的共同行动计划，该计划规定了到 2020 年欧盟实现可再生能源占总能源耗费比例的 20% 的目标。由此，欧盟各国根据本国的实际出发，相继出台了一系列促进能源发展的政策：欧洲核电大国——法国长期以来始终坚持以核电为基础，以其他可再生能源为辅，推进节能减排工作。2008 年 11 月，法国环境部公布了一揽子旨在发展可再生能源的计划，涵盖生物能源、风能、地热能、太阳能以及水力发电等多个领域，计划到 2020 年将可再生能源在其能源消费总量中的比重提高到至少 23%；英国则把研究海洋风能、潮汐能、波浪能等作为开发新能源的突破口，设立了 5000 万英镑的专项资金，重点开发海洋能源；1998 年 9 月在欧洲“百万太阳能屋顶计划”的战略框架下，德国政府宣布从 1999 年 1 月起实施“十万太阳能屋顶计划”。其目标是到 2003 年底安装 10 万套光伏屋顶系统，总容量在 300～500 兆瓦，每个屋顶 3000～5000 瓦。

美国在新能源开发上取得不小成就，据《BP 世界能源统计年鉴 2011》显示，截至 2010 年 6 月底，美国的可再生能源发电量和核能发电量都位居世界第一，分别占到世界发电量的 24.7% 和 30.7%，这主要是因为美国在新能源的开发和利用上起步较早，早在 1997 年 6 月就宣布将实施“百万太阳能屋顶计划”，目标是到2010年底要在全国的住宅、学校、商业建筑和政府机关办公楼屋顶上安装100万套太阳能装置，光伏组件累计用量将达到3025兆瓦，每年可减少二氧化碳排放量351万吨。在那之后，美国也一直加大可再生能源研发和利用力度，2005年美国能源部能源研发总投资7.66亿美元，其中可再生能源研发投资占了42%。2009年6月美国众议院通过了奥巴马提出的《美国清洁能源安全法案》，该法案提出未来10年将投入1500亿美元，资助替代能源的研究，包括乙醇燃料、混合燃料动力汽车研发等。

日本是一个能源资源极度匮乏的国家，能源自给率仅4%左右，日本所需石油的99.7%、煤炭的97.7%、天然气的96.6%都依赖进口。在经历了1973年和1978年两次石油危机冲击后，日本政府和企业都认识到开发替代石油等新能源的重要性，从20世纪70年代中期开始推动新能源的开发和推广利用。1974年日本制定了《阳光计划》，把发展太阳能和燃料电池技术定为国家战略。1980年建立了管理新能源事业的专门机构“新能源开发机构”(NEDO)，制定了《代替能源法》。1993年，日本将这两个计划合并后推出“能源和环境领域综合技术开发推进计划”，即“新阳光计划”，目的是促进新能源技术的开发利用和商业化。，“新阳光计划”每年拨款570多亿日元研究新能源技术、能源输送与储存技术等。为普及已经开发出的新能源。日本对于新能源的重视程度取得了一定的成效，截至2010年，日本共有核电站54座，总装机容量达到4712.2万千瓦，是仅次于美国和法国的第三大核能发电大国；日本还是世界上太阳能开发利用的第二大国，也是太阳能技术强国，自2002年以来，日本的太阳能发电、太阳能电池产量多年位居世界首位，占据了世界总体产量的半壁江山；风能发电也是日本能源系统中不可忽视的一个领域，截至2003年底，日本共有576座风车，发电量为67.8万千瓦，2004年发电量接近100万千瓦。

中国在新能源的开发和利用上也是不留余力。2005年颁布了《可再生能源法》指出，到2020年要使生产的清洁能源占到能源产量的10%，大大高于目前的1%。今后15年，诸如风能、太阳能和生物燃料等可再生能源估计将在中国发展成为规模达1000亿美元的市场。2007年又出台了《可再生能源中长期发展规划》，规划指出，以水电、生物质能、风电、太阳能、地热能、海洋能等其他可再生能源以及沼气等农村可再生能源为重点发展领域，力争到2010年使可再生能源消费量达到能源消费总量的10%左右，到2020年达到15%左右，并形成以自有知识产权为主的国内可再生能源装备能力。当年11月，中科院、国家发改委联合发布并启动了《可再生能源与新能源国际科技合作计划》，该计划旨在推动可再生能源与新能源国际科技合作的深入开展，解决中国能源利用中存在的关键和迫切问题，增强中国可再生能源与新能源产业的技术创新能力，形成拥有自主知识产权的能源技术发展能力，带动国际社会共同参与到可再生能源与新能源的发展中来，共享可再生能源创新成果。2008 年中国风电装机容量达到 1217 万千瓦，成为亚洲第一、世界第四大国，太阳能热水器的年生产能力达到了 4000 万平方米，使用量达到超过 1.25 亿平方米以及光伏电池产量达 200 多万，均为世界第一；中国在生物质能源的开发利用上发展也相当迅速，据统计，截至 2008 年年底中国户用沼气池已达 2800 多万口，沼气年利用量达到 120 亿立方米。核能发电的潜力也相当巨大，2008 年全年中国核电发电量越 683.94 亿千瓦，约占全国总发电量的 2%（宋成华，2010）；风能发电发展迅速，截至 2009 年年底，全球累计装机容量已经达到了 1.59 亿千瓦，2009 年全年新增装机容量超过 3000 万千瓦，涨幅 31.9%。从累计装机容量看，美国已累计装机 3516 万千瓦，稳居榜首；中国为 2610 万千瓦，位列全球第二；水力发电一直以来是中国的优势能源，截至 2008 年年底，中国水电装机容量达到 1.72 亿千瓦，稳居世界第一位。同时，水电能源开发利用率也从改革开放前的技术可开发量不足 10% 提高到 27%，水电能源已成为中国能源安全的重要支撑。

三、低碳经济是应对生态环境恶化的有效途径

低碳经济是一种以低能耗、低污染、低排放、高能效为主要特征的经济形态，它是以最小的环境代价来获取最大效益产出的新型、可持续的经济发展方式。低碳经济作为减少温室气体排放和应对全球气候变化的有效途径，正日益受到越来越多的国家和地区的关注和重视，尤其在发达国家中有更多的实践（廖红英、孙志威，2011）。低碳经济在应对生态环境恶化、改善生态环境质量的作用，主要是体现在减少温室气体排放和降低温室气体排放所带来的生态环境恶化效应两方面。

一方面，发展低碳经济，最为直接的是要控制温室气体排放，减少温室效应给全球生态环境带来压力。因此各国国家都明确提出了温室气体减排目标。早在 20 世纪 90 年代初，德国率先制定了减少二氧化碳排放的国家计划。当时联邦议院决定，在 1999 年的基础上，到 2005 年，德国将来自工业、家庭和交通的二氧化碳排放总量降低 25 个百分点。在这一计划的约束下，2007 年德国的温室气体排放量比 1990 年降低了 21.3%。而 2008 年 6 月德国联邦议院通过《气候能源一揽子计划》，目标是到 2020 年温室气体排放量要比 1990 年减少 40%；英国在 2003 年首次提出低碳经济理念的政府报告《我们未来的能源——创新低碳经济》中提出，到 2050 年要从根本上把英国变成一个低碳经济的国家。紧接着在 2008 年公布的《气候变化法案》上，英国提出在 2020 年和 2050 年的温室气体的排放量

要分别在 1990 年排放水平上减少 34% 和 80%。同时为了能够实现该减排目标，英国还于 2009 年通过“碳预算”的方式将温室气体减排目标纳入法律范畴，同时还发布了《英国低碳转化计划》及《英国低碳工业战略》、《可再生能源战略》和《低碳交通计划》等 3 个配套计划，以此对企业的废气排放进行约束，引导企业走绿色无碳（少碳）发展道路。此外，英国还运用气候变化税、气候变化协议、气体排放贸易机制、碳信托基金等一系列经济政策工具推动企业节能减排的进程（胡雪萍、周润，2011）；美国在 2009 年奥巴马上台之后，就制定了《美国清洁能源安全法案》，在此法案中明确提出 2020 年温室气体排放量比 2005 年减少 17%，2050 年进一步减少 83%；2007 年 6 月，日本内阁会议审定通过《21 世纪环境立国战略》，提出“建设国际循环型社会”的战略方针。2008 年，日本政府提出了“福田蓝图”，其减排目标是到 2050 年温室气体排放量比目前减少 60% ~ 80%，将日本打造成为世界首个“低碳社会”（胡雪萍、周润，2011）；按照《京都议定书》的规定，作为一个发展中国家，中国是不需要承担温室气体减排义务的。然而，为了应对全球气候变化的严峻挑战，2009 年 11 月的国务院总理温家宝在主持国务院常务会议上，决定到 2020 年中国单位国内生产总值二氧化碳排放要比 2005 年下降 40%~45%；而俄罗斯总统梅德韦杰夫也在 2009 年八国集团峰会上承诺到 2020 年将俄罗斯温室气体排放量比 1990 年减少 10%~15%，并在哥本哈根世界气候大会上将其修正，认为其有信心达到 40% 的减排目标；而在 2009 年的哥本哈根世界气候大会上，在世界舆论的压力下，印度也提出了到 2020 年使得废气排放比 2005 年少 24%，到 2030 年减少 37% 的目标；而作为金砖四国的另一个国家——巴西，在 2009 年 11 月也承诺到 2020 年将温室气体排放量在预期基础上减少 36.1% 至 38.9%。

另一方面，在经济的发展过程中温室气体的排放是无法避免的，由此如何减少温室气体排放对全球气候变化的影响就尤为重要。众所周知，森林是陆地生态系统的主体，在固碳释氧、改善生态环境中起到了至关重要的重要。为此，世界各国都相应制定林业行动计划和相应的政策机制来应对全球气候变化。英国在 2008 年制定的《森林和气候变化指南——咨询草案》中明确提出，保护现有森林，减少毁林，恢复森林植被，使用木质能源，用木材替代其他建筑材料，以及制定适应气候变化的计划等 6 个关键行动计划；美国的《林业碳管理计划》专门设立碳信用和碳汇两种模式为个人和组织提供利用植树来补偿温室气体排放的机制；加拿大也与 2008 年提出新的森林发展战略，提出通过加强森林火灾、虫灾的防治，减少森林砍伐等造成的碳排放，同时加强森林管理和促进使用林产品增加储碳量。并计划投入 2500 万美元，用 5 年时间帮助社区适应气候变化，为全国 11 个以社区为基础的合伙企业提供资助，推进社区应对气候变化的信息共享和能力建设；日本于2006年提出了《新森林计划》，提出“防止地球变暖的森林碳汇10年对策”及今后的4项工作，即森林可持续经营；保安林管理；木材和生物质能源利用；国民参与造林。同时还于2008年发布了《2008年森林白皮书》，提出了通过间伐可持续利用森林，扩大建筑使用木材等行动计划；印度政府应对气候变化的计划则有2007年提出的喜马拉雅生态保护计划、绿色印度计划，并在2008年6月批准通过了第一个关于气候变化的国家行动计划——《气候变化行动计划》，该计划的主要内容是在2008～2017年间印度要着重以采取森林可持续经营、保护与开发并重的方式利用非木材林产品，重视退化林区的开发和恢复等方式以应对气候变化。此外，印度还提出了可持续生活环境计划、水资源计划和农业可持续发展计划等行动计划以遏制生态环境的进一步恶化；中国也相当重视发展林业以改善生态环境，在2007年发布实施了《中国应对气候变化国家方案》，首次将林业纳入我国减缓和适应气候变化的重点领域，并于2009年6月发布实施了《中国应对气候变化行动计划》，在此计划中确定了五项基本原则、三大阶段性目标和实施22项主要行动，具体包括大力推进全面义务植树、实施全国森林可持续经营、扩大封山育林面积等15项林业减缓气候变化行动和提高人工林生态系统的适应性、加大重点物种保护力度、加强荒漠化地区的植被保护等7项林业适应气候变化的7项行动。

第三节　低碳经济的基本特征

一、协同发展性

低碳经济讲求的是“低排放，低消耗，低污染”，这也是人们对于低碳经济的第一印象，但是这个并不是低碳经济的全部。如果只认为低碳经济是“低排放，低消耗，低污染”的经济模式，那么农业文明甚至原始文明时代不就是典型的低碳经济吗？所以，低碳经济的一大特征是协调发展性，指的是“低碳”和“经济”的协同发展，只有这样，才能在低碳经济的发展中，满足人们对于经济发展的需求，达到人们生活品质和幸福感的不断提升。所以，低碳经济的发展，必须是一个不断提升生产力，不断提升人民的幸福指数的过程，在这个过程中的“低排放，低消耗，低污染”才是我们所希望的。

低碳经济的实现并非是一蹴而就的，需要一个长期、缓慢的，从高能耗、高排放、高投入向低能耗、低排放、低投入逐渐转变的过程。目前，社会上对于低碳发展与经济发展的关系存在的一种误解，认为发展低碳就难以实现经济增长，发展经济就必须抵制低碳发展。事实并非如此，经济发展和低碳发展是不可分割的，二者缺一不可，相辅相成。不可否认，经济发展与低碳发展之间存在的一定的矛盾关系，但是这种矛盾关系是相对的，而不是绝对的，是可调和的，体现的是长期利益与短期利益孰重孰轻的关系。只要发展、不要低碳，以高能耗高排放为代价来换取经济增长，终究会使发展不可持续；只要低碳，不要发展，那会使经济发展停滞不前。唯有将二者统一起来才是唯一合理的出路，而这也正是低碳经济的目标。可以说，实现低碳目标与经济发展的双赢理念，是完全合乎科学发展观的本质要求的(毛世英，2010)。

从短期利益上看，不可否认，低碳发展与经济发展存在这一定的矛盾。第一，对于世界大部分国家，尤其是发展中国家，经济的增长还是依然依靠高能耗、高污染、高投入的粗放型经济发展方式，经济增长点主要还是得依靠建材、化工、机械、冶金等重工业的发展。推行低碳经济，就必须控制资源、尤其是能源资源的使用，在短期内不可避免的会对重工业行业产生重要影响。对于正处于工业发展阶段初期或中期、还没有来得及进行产业结构升级的国家，经济增长必然会受到一定的影响，不得不放缓经济发展速度；第二，对于促进经济增长的核心主体——企业来讲，低碳经济的核心是节能减排，无论是开发和引进低碳技术，抑或是开发清洁能源和新型可再生能源，都会加大企业的运营成本。因此在现实中条件尚未成熟，对于以追求最大利润为目标的企业来说，低碳技术和设备价位较高，一般的中小企业难以忍受，结果就是，中小企业拒绝忍受一时的亏损，选择了短期的经济利益(粗放的经济增长)而非长期的可持续发展(低碳发展)；第三，低碳经济自2003年首次见于英国的政府报告以来，只经过短短几年发展，在内涵、功能以及实现途径等方面还是处于探索阶段，对低碳理念的宣传力度还不够，再加上公众对于环境恶化少有直观感受，社会公众还没有形成一种系统的、清晰的低碳意识，进而导致对于低碳产品(包括低碳生活)的接受度不是很高。而企业为了短时间的回笼资金，必将所生产的低碳产品定价很高，而在市场接受度不够的情况下，低碳产品少有人问津，这必然导致企业利润的下降。

然而，我们的眼光应该放得长远。就长远来看，发展低碳经济与经济增长是相辅相成、相互促进的共生共存的和谐发展关系。一方面，发展低碳经济必然促进经济的快速发展。第一，发展低碳经济就意味着要对现有的高能耗、高污染、高投入的粗放型经济发展方式进行改革，转变为依靠低能耗、低污染、低投入的集约型经济发展方式，加快产业结构升级进程，提高每单位能耗的 GDP 产出，促进经济高速、健康发展；第二，发展低碳经济可以缓解经济发展给环境带来的压力，减少环境污染，降低政府在治理环境方面的支出；第三，企业发展低碳经济，由于技术革新和管理水平的提高，生产效率必然得到大幅度提高，进而降低生产成本，从而获取更大的利润；第四，低碳经济的发展必然会提高公众的低碳意识，逐渐养成低碳生活和低碳消费的良好习惯，从而为整个社会节约出大量的资源，而这些资源又可以用于创造更多的利润，进而促进经济的进一步发展；另一方面，经济的快速发展必然会低碳经济发展的进程。低碳经济的发展不仅需要软件层面的支撑——社会各界低碳意识的培养与提升、政府的政策法律保障、高素质管理人员的培养等等，更需要硬件层面的支持——低碳技术和设备的开发、清洁能源和可再生能源的开发，而这些硬件都需要强大的资本作为保障。因此，只有经济发展起来，才能够满足发展低碳经济所需的硬件要求。

二、阶段性和动态性并存

有学者利用脱钩理论指出，从长期来看，一个国家走向低碳经济的过程就是温室气体排放和经济增长逐渐脱钩的过程（庄贵阳，2005）。发达国家的发展实践表明，实现温室气体排放与经济增长的强脱钩是完全可能的，但是，从发展中国家的情况来看，虽然在某些时段出现过弱脱钩特征，但非常不稳定。对于中国这个发展中国家来说，实现绝对的低碳经济发展是一个长期复杂的系统过程，因此，立足现实，采取切实可行的措施和技术，发展低碳经济，做到相对的脱钩才具有一定的可行性。

中国作为发展中国家，应该正视低碳经济阶段性的这一特点，不能急功近利地盲目发展，但也不能以我国发展低碳经济有很多困难，会影响到经济增长为由，刻意忽视或者无视低碳经济的发展，从而错失良机。我们应该做的是立足于我国现实国情，在弱化短期内发展低碳经济对经济增长的消极影响的基础上，坚持节能减排，坚持创新和推广低碳技术，渐进式地促进经济的长期发展。

但同时，低碳经济具有动态性的特征。一方面，低碳经济是现有大环境下比较合理的经济发展模式，是现有的能源使用情况和温室气体排放的有效应对之策，随着经济和社会的发展、进步，人们对低碳经济发展的具体领域，具体政策的要求会有所变化。另一方面，随着科技的进步和国际间合作博弈的不断深入，将不断推动低碳经济的内容更新与发展。因此，低碳经济的发展不可能是一步到位的，而是相对于现有情况的、逐步的发展，具有动态性。

三、新兴性

低碳经济的发展催生了新的经济体，也催生了新能源及其产业群。低碳经济的实质性内容是提高能源效率和能源技术水平，因此新能源及其产业群有望成为新的经济增长点。新能源是指传统能源之外的各种能源形式，常见的新能源包括太阳能、地热能、水能、风能、潮汐能、核能和生物质能等等。与传统能源相比，新能源的储量大且污染少，是在化石能源逐渐枯竭的现今各国都大力发展的能源形式。新能源产业群则是指在新能源产业领域中，一组在地理上靠近的大量产业相互联系的的企业以及关联机构由于其共性和互补性在空间上集聚，并形成强劲、持续竞争优势的现象。

目前世界各国都在大力发展包括可再生能源在内的新能源，有助于促进能源的多元发展，构建煤炭、石油、天然气、核能和可再生能源等全面发展的能源结构。据统计，2009 年全球向低碳能源的资金投入总额逾 5000 亿美元，其中最多的来自中国、美国、韩国和欧盟（朱轩彤，2011）。在这种局势下，可再生能源和清洁能源发展迅速，2002 ~2007 年间，太阳能消费量的年均增长速度高达 40.6%，远远高于其他能源的增长率，风能和生物燃料的消费量分以年均增长 24.1% 和 19.8% 位列二、三位，而传统能源煤炭、天然气和石油的年均增长率则分别为 5.9%、3.1% 和 1.8%①。加上近年来，随着科技进步和市场规模的逐渐扩张，以太阳能为主的可再生能源部门一直处于蓬勃发展之中，统计数据表明，其成本正以接近于年均 7% 的速度下降，目前基本上已与天然气使用成本持平，仅与石油、煤炭等石化能源的成本有一定差距，其发展前景令人瞩目。

新能源及其产业群的发展不仅具有经济效益，还具有社会效益。据联合国环境规划署（UNEP）估计，2006 年世界各个国家通过投资太阳能、风能、生物能等可再生能源行业新创造 2300 万岗位，其中生物能行业最多，为 117.4 万人，太阳能行业所创造的就业也有 79.4 万人以上，风能、水利和地热等行业也分别创造新就业 30 万、3.9 万、2.5 万人（具体见表 2-3）。根据联合国环境规划署（UNEP）的估计，如果现在的增长速度可以持续，到 2030 年，将有 210 万人在风能领域工作，630 万人在太阳能领域工作，1200 万人在生物能源相关的农业和工业领域工作（吴燕平等，2010）。

生物质能源是可再生能源中的重点之一，作为能源的生物质很大一部分来自于农林业及其废弃物，例如秸秆、糖类作物、淀粉作物、林产及木材加工废弃物

① 数据来源于《世界能源统计观察》（2008 年）。

以及动物粪便等。因此农业和林业也将为发展生物质能源提供重要的物质保障。

在社会生活方面，随着低碳经济的发展，低碳生活和低碳消费的观念也日渐深入人心，追求低碳生活渐成时尚，人们逐渐注意到要在消费过程中尽量减少资源和能源的消耗量，愿意消费新能源，拓展新的低碳消费领域等等。同时，低碳生活和低碳消费又反过来推动低碳产品和低碳技术的开发，催生了新的经济体、新的产业领域，例如新能源、智能电网、电动汽车、插电式混合动力车、可再生能源专用的蓄电池以及绿色建筑等。

四、与其他新兴经济形式的有机融合性

对传统经济的改造和提升意味着一些新兴的经济形态的出现和发展，如低碳经济、体验经济、生态经济、绿色经济、循环经济等。多种经济的有机融合，贯穿在农业、工业、建筑、交通、服务业等各个产业领域，推动整体经济的逐渐壮大逐渐提升。

绿色经济是由经济学家皮尔斯于 1989 年提出来的，学界很快就展开了研究，实际工作部门也很快进行了实践。张春霞在《绿色经济发展研究》中指出："绿色经济是一种以节约自然资源和改善生态环境为重要内容的经济发展模式。它是以经济的可持续发展为出发点，以资源、环境、经济、社会的协调发展为目标，力求兼得经济效益、生态效益和社会效益，实现三个效益统一的经济发展模式。"

体验经济早在 20 世纪 70 年代便由美国学者托夫勒在《第三次浪潮》一书中提出，之后，派恩与吉尔摩所著的《体验经济》更是让大众对体验经济有了更深的了解。如今，体验经济已成为 21 世纪经济发展的新形态之一，它是环境经济与多样性经济的有机结合，是创新经济的一个形势，也是实现低碳经济的有效途径。体验经济被认为是继农业经济、工业经济和服务经济之后的新的经济生活发展方式，是服务经济的延伸。目前，体验经济这种将"体验"作为象货物和服务一样的产品的经济形态涵盖的范围已经很广，工业、农业、旅游业、商业、餐饮业、娱乐业和服务业等众多产业领域都看得到体验经济的影子。从体验经济的本质特征来看，它依靠人的创造性，以服务为依托和商品为载体，提供消费者可以参与、值得回忆的活动，是一种降低能耗，节约资源和保护环境的新型经济形式，这是低碳经济的实质性要求。

低碳经济与上述的几种新兴经济有所联系又有所区别。首先，从联系上看，低碳经济与上述几种经济形态的理论基础都是生态学、生态经济理论、系统理论和可持续发展理论。它们立足于追求经济、社会和生态系统的有机统一、协调和平衡，以三大系统协调发展为核心，都是旨在保护、改善资源环境，追求人类的

可持续发展和环境友好型社会的实现的经济形式。其次，它们侧重点不同，有所区别。举例来说，生态经济的研究重点是如何运用生态学的基本原理和基本规律来解决生态系统和经济系统这两大系统之间的协调发展，最终实现生态、经济和社会的可持续发展。绿色经济则是着重将资源节约和环境改善的实现贯穿于生产活动和生活方式中，贯穿在经济发展之中。而不是独立于外。这两种经济形态虽侧重有所不同，但都更多的是从宏观角度来谈经济发展模式的转变。而低碳经济的侧重点更为具体，从低碳经济自身来看，其本质上是新能源和清洁能源经济，侧重于新能源和清洁能源的研究、开发和应用，节约能源，减少以二氧化碳为主的"温室气体"的排放；还侧重于增加温室气体的"汇"和回收利用，所以，以植树造林为主的林业产业、能源的节能减排、新能源的开发利用以及以二氧化碳回收利用技术产业将成为低碳经济的重要内容。循环经济和低碳经济也有所区别。低碳经济侧重于新能源和清洁能源的研究、开发和应用，节约能源，减少以二氧化碳为主的"温室气体"的排放。这和循环经济既有联系又有区别，相较而言，循环经济不仅仅减少温室气体的排放，更侧重于减少其他污染物的排放，而且循环经济更强调的是在生产、流通、消费全过程的资源节约和充分利用，提倡资源的重复利用，这当然也包括了节能减排的内容，包括了低碳经济的一些领域。最后，低碳经济的发展中会不时闪现着创新经济和体验经济的影子。例如体验经济。良好的生态环境是可以满足人们的精神需求和生态需求的，各地如火如荼发展的休闲农业、森林旅游等其实就是体验经济的重要组成部分。这些体验经济的具体模式通过发展生态农业等方式减少了温室气体的排放，同时通过发展生态旅游等方式保护了绿色植被，增加了温室气体的吸收，其实也是一种低碳经济。

因此，低碳经济的发展将与与其他新兴经济形态一同，从不同的层面共同提升和改造传统经济，进行形成整体优势，实现经济发展模式的转变。

第四节　我国面临的机遇与挑战

一、挑　战

中国向低碳经济转型是一个艰巨的过程。

其一，从能源结构看，这是个长期的过程。我国目前处于快速工业化发展时期，从我国的具体国情来看，这个进程至少持续到2020年，以解决几千万人的脱贫以及从整体上提高全国人民生活水平。在发展的过程中，我们又面临着人均能源资源拥有量不高，能源基础水平及能效较低的具体困难。中国是少数几个以煤为主的国家，能源结构具有“富煤贫油少气”的典型特点，在已经探明的能源储量中，煤炭占94%，石油占5.4%，天然气占0.6%，这种以煤为主的能源结构在碳排放方面处于不利地位，因为与石油、天然气相比，煤产生单位热量所引起的碳排放比燃用石油、天然气分别高出36%和61%（樊纲，2010）。然而，中国人均能源资源只有135t标准煤，相当于世界人均量的51%，其中，煤、是由和天然气分别为世界人均的70%、11%和4%（张坤民，2008），另一方面，从中国目前的人均能源消耗量来看，还处在生存型消费阶段，经济的持续发展仍然对传统能源有着强烈依赖。近30年来，中国的能源生产和能源消费量逐年增加。能源生产量从1978年的62770万吨标准煤到2010年的296916万吨标准煤，能源消费量从1978年的57144万吨标准煤到2010年的324939万吨标准煤，平均每天能源消费量从1990年的270.42万吨标准煤到2010年的890.42万吨标准煤。在发展过程中，我们明显地面临能源结构单一，能源资源拥有量不高，能源基础水平及能效较低的具体困难。首先，中国在能源结构上是以煤为主，无论是能源生产量和能源消费量，中国的煤炭所占的比重均居高不下，煤炭在一次能源中占68%以上，近年来更是保持在75%以上。其次，中国的能源储量很少，主要依靠外来的能源。中国能源的进口量从1995的1310万吨标准煤到2009年的47313万吨标准煤，年平均增长率为3.2%。从中国能源的消费量和生产量可以看出，自1978年至今，在绝对量上能源生产量始终低于能源消费量，并且二者之间的差额从1914万吨标准煤增加到33229万吨标准煤，差距越来越大。可以预见，为了持续经济的发展，今后几十年能源消费还将持续增长。今后几十年，能源消费还将持续增长。在这些因素的共同作用下，我国在工业化进程中要减少温室气体排放是十分困难的。但是，能源和资源产品现在正在不断大幅度涨价，我们的依存度如此之高意味着如果继续持续以往的“高碳”模式，我们会付出越来越高的代价，承受风险的能力也越来越差，这将会严重影响到我国的经济发展稳定性。

其二，从社会经济发展水平来看，这是个非常艰难的过程。世界各国的发展历史和趋势都表明，人均CO_2排放量和国家的经济发展水平有关。对于正处在工业化中期的中国来说，在现有的技术水平下，要达到更高的发展水平，能源消费和CO_2排放量必然还要继续增长，其减排成本不会像斯特恩报告所估计的可控制在GDP的1%那样乐观。人口规模、工业化进程、消费模式和技术进步等既是推动发展的重要因素，也决定了中国控制温室气体排放的难度。要同时实现人均GDP的增长和低人均能源消费量这两个目标是非常困难的，世界许多国家和地区都在朝着这个方向努力，可见要开创一个实现可持续发展的新模式，无疑是极大的挑战。当前我国仍是以煤为主的一次能源结构，一次能源消费为主导作用的产业结构及其终端消费结构在向碳密集型的方向发展，使得我国碳排放量处于增长趋势。从数据统计上看，中国人均二氧化碳排放量从2000年的2.2吨增长到2007年的5.0吨，年平均增长率为4%，超过世界人均二氧化碳排放量。中国经济发展因素是中国碳排放的拉动因素，造成中国人均二氧化碳排放量快速增长的主要因素是中国经济的快速发展。研究表明，随着中国经济社会的快速发展，对能源的需求和消费不断增加，1990~2007年中国由能源消费所产生的CO_2排放量均显著上升的趋势，增长了2.72倍，年平均增长率率为10%①。可以看出，节能减排在一定时间内必定与经济发展产生矛盾，这是一个两难的选择。

其三，从资金和技术上看，挑战是巨大的。首先，节能减排需要大量的资金投入。近年来中国不断加大节能减排工作力度，加大财政投入力度，2010年，中国发展和改革委员会副主任解振华指出，过去五年，中国全社会节能减排总投资约2万亿元，其中中国政府节能减排投资约2000亿元。其次，国际社会所倡导的低碳技术，如碳捕获与封存技术在短期内成本较高，同时，还有可能产生技术的“锁定效应”。所谓“锁定效应”(Locked-in effect)，是指基础设施、机器设备、个人大件耐用消费品等，一旦投入，其使用年限均在15年乃至50年以上，期间不大能轻易废弃。对中国而言，不啻为一个成本方面的巨大问题。以电力为例，如果想要避免传统燃煤发电技术的弊端，推广整体煤气化联合循环、应用一些诸如大型流化床等先进发电技术和以煤气化为基础的多联产技术，其巨额资金与高新技术的难度极大。如果继续沿用传统技术，对未来中国需要承诺温室气体减排或者限排义务时，却可能被这些技术“锁定”(张坤民，2008)。最后，与低碳经济的未来相关投资也很客观。例如，现有的建筑材料和生产、生活以及其他社会设施的建造都未考虑到低碳因素，低碳的推广势必对这些建设的投资产生直接冲击。因此我们必须面对这个现实：我国经济和社会的发展正处于资源、环境约束十分严重的时期，工业化、现代化等进程还未完成，发展经济和改善民生的道路仍然长远。如何在经济快速发展的同时跨越资源的束缚，做到两者兼顾，是一个巨大的挑战。

最后，是来自国际方面的挑战。有关气候变化的外交战是异常不好打，从近几次气候大会的各国博弈情况便可略见一斑。首先，发达国家和发展中国家之间存在着共识上的差异，在气候变化的历史责任、减排所需要的资金和技术转让等问题上均未达成一致的共识。中国始终坚持“共同但有区别责任”的原则，认为发达国家应该承担更多的责任，并在资金和技术上帮助发达国家，而不是相互指

---

① 数据由《国际统计年鉴2011》整理。

责或者推卸排放责任。印度的非政府组织“Down to Earth”则提出“气候正义论”，认为美国等发达国家应该大力减排，发展中国家还可以继续增加排放量，其所增加的排放量应该由拥有减排技术和资金的发达国家予以消化（蔡林海，2009）。国际合作方面，中美在气候问题上的关系一直是焦点所在。由于中国是排放量最大的发展中国家，美国是排放量最大的发达国家，因此格外受到关注。Kenneth Lievertha 在其新书《克服中美气候变化合作的障碍》中写道：“迄今为止，在气候变化领域，中美两国在利用对方作为自己裹足不前的一个理由。”他指出，两国都在为自己没有解决气候变化问题采取更多的行动辩解：美国强调京都议定书缺少中国的承诺是该条约的主要失败之处；而中国则感到美国对气候变化负有较大的历史责任，因此现在解决这一问题时也应承担较大的义务。对于中美的合作来说，主要有四个主要障碍：相互不信任；对技术的不同期待；对融资的不同期待以及对高成本的共同预期①。

二、机　遇

气候变化的确给我国的经济发展增加了压力，我国是发展中国家，2009 年人均 GDP 接近 4000 美元，正处于转型和发展的关键时期，正在加速的工业化对能源的需求大，减排的压力也相当大。对于我国来说，发展低碳经济是一个前所未有的挑战，但从另一个角度看，也有可能化压力为动力，成为发展的新机遇。通过推动低碳经济的发展，促进我国更好地转变经济发展模式，提升产业结构，提高国家的核心竞争力，在这样的过程中，环境问题、可持续发展问题、食品安全问题，都有可能得到进一步地解决。低碳经济为协调经济与资源环境的关系提供了机遇。

首先，从国家的整体发展战略来看，可持续发展已经深入人心。随着科学发展观和生态文明的陆续提出，可以看出党和政府已经认识到对于中国而言，应该避免重蹈许多西方国家曾经走过的高消耗、高排放、高污染的经济发展过程，而是通过绿色的科学的发展以构建和谐社会。因此发展中国家也有可能并应该尽力直接进入绿色发展的阶段，也就是说，中国经济发展模式的转变要从传统的“黑色发展”转向“绿色发展”，从生态破坏转向到生态建设，从生态赤字转向生态盈余。由此，胡锦涛总书记在党的十七大报告中第一次提出了建设生态文明的理念和目标。可以说，生态文明建设是我党提出的科学发展观的重要内涵，对于低碳经济的发展而言，无疑是重要的思想保证。现今，对气候变化的了解和对低碳经

① 我们面临一个历史机会[N]. 南方周末，2009－03－05。

济的认同，将给转变中国经济发展方式带来重要的机遇。当前全球对气候变化的关注和低碳发展的趋势给中国创造了良好的外部大环境，有利于推进中国产业结构的战略性调整和优化升级，走低碳经济发展道路，并通过在全社会的宣传和理念的普及，促进消费模式的转变，发展低碳型社会。

其次，中国的减排空间较大，虽然中国的产业结构和消费结构仍然处于高耗能的阶段，加上节能技术的水平低，能耗效率偏低，但这也从侧面说明了中国的减排空间。从实践来看，据环保部核定，2010 年中国化学需氧量（COD）排放量 1238.1 万吨，比 2005 年下降 12.45%；2010 二氧化硫（SO_2）排放量 2185.1 万吨，比 2005 年下降 14.28%。这说明了中国的决心，也说明了中国完全有可能通过持续努力，实现碳排放的减少，更好地推行节能减排，发展低碳经济。另外，随着经济体制的改革、管理水平提高以及技术进步，中国的能源利用效率逐年提高。这可以从能源消费弹性系数上略见一斑。能源消费弹性系数是反映能源消费增长速度与国民经济增长速度之间比例关系的指标。弹性系数越小，说明在产出增长一定的前提下消耗的能源越少。经验表明，发展中国家在发展初级阶段的能源利用效率比较低，所以其能源消费弹性系数往往大于或接近 1，而发达国家的能源消费弹性系数一般不超过 0.5。中国近 10 年来的能源消费弹性系数总体出现下降趋势，从 2004 年的 1.6 下降到 2010 年的 0.58，说明中国已经在能源利用率提高上取得了一定的成绩。对经验数据的实证研究也证明了这一点。近年来，能源效率对降低中国人均碳排放的贡献值在不断增长且有加快的趋势，这说明中国近年来提出的节能减排和绿色科技创新等措施的作用下，能源效率有所提高，对抑制人均碳排放量的快速增长起到一定的作用。

再次，中国发展低碳经济具有后发优势。由于中国自身的传统化石能源不足，对外依存度高，虽然给中国的工业发展和经济发展起到了制约作用，却为其发展低碳经济提供了压力和动力，如果转变地好，这完全可以是一个有利条件。对于中国来说，在传统能源使用效率增加的同时，可以大力发展新能源和生物质能源，这不仅有利于减少经济发展对传统化石能源的依赖，而且有利于缓解当今世界能源枯竭问题和生态环境污染问题。如果说通过发展高效节能技术和洁净煤技术等低碳技术对于节能减排有着“治标”的效果，那么发展新能源便是“治本”。相对于石油、煤炭等传统能源，新能源如太阳能、风能、水能、潮汐能、生物质能等等普遍具有污染少、储量大的特点，因此成为了世界各国都已经开始抢占的能源战略未来的高地。中国的可再生能源种类多，储量大，具有广阔的发展前景。中国拥有较为丰富的太阳能、风能、水能等清洁能源。举例来说，以太阳能为例，中国地处温带和亚热带，具有较为丰富的太阳能资源，绝大多数地区年平均日辐射量在 $4kW \cdot h/m^2$ 天以上，西藏最高达 $7kW \cdot h/m^2$ 天。又以潮汐能为例，我国海岸线绵长、东南沿海大型湖泊密布广泛，拥有巨大的潮汐发电潜力。在风能的发展上，中国东南沿海及其附近岛屿是风能资源最为丰富地区，有效风能密度大于或等于 200W/m^2 的等值线平行于海岸线。总体来说，在中国 10 米高度上，风能资源总储量为 32.26 亿千瓦，其中可开发利用的风能资源储量为 2.53 亿千瓦①。

最后，应对气候变暖是全世界寻求可持续发展的一个前所未有的机遇。面对气候变化这个国际性的公共产品，无论是发达国家还是发展中国家，都无法也不应长期对立，而是应该合作起来共同应对这个挑战。中国作为世界上最大的发展中国家，与其他国家之间是一种利益相关的关系，是可以与其他发展中国家以及发达国家在合作中形成非零和博弈，实现互利共赢的。而且，参与全球气候治理也是中国发展的重要契机。首先，通过参与全球治理，中国可以借鉴发达国家的经验，并在国际谈判中表达自己的意见，承担国际责任和义务，融入世界体系和国际市场，以此增加在国际社会的影响力；其次，对于中国国内的改革来说，加入全球气候变化的治理有可能成为一剂良好的催化剂，因为中国以发展中国家的身份参与气候变化的国际谈判和全球治理，有机会参加气候规则的制定，以表达发展中国家的意愿，这无疑是有利于发展中国家，也有利于我国的发展，在这样的过程中，制定出得当的应对措施，以推动低碳经济发展，从而成为实现能源政策和环境政策改变的推动力和契机（蔡林海，2009）；最后，中国明确承诺减排义务，将被视为一个公开的承诺，是一个与发达国家合作的举动。从目前的情况来看，中国和美国的参与是国际气候谈判的重要环节。与美国前总统布什不同的是，奥巴马总统在气候问题上的策略政治迅速转变，将该问题列入考虑的优先序列，这意味着中美在气候方面的合作上面临一个良好的历史机会。因此，对于中国来说，通过发展低碳经济，承诺减排义务，有利于推动谈判进展，并有可能创造中美合作的机会，同时有利于塑造中国负责任的大国形象，增加中国的软实力。

总之，对于中国来说，一方面要继续坚持可持续发展、生态文明和低碳经济等理念，在有条件的地区先行先试二氧化碳排放管制等制度政策的创新，推进低碳技术和低碳产业的发展。另一方面则应该在坚持“共同但有区别责任”的原则，参加和利用气候外交的谈判。

① 数据来源于国家电力信息网。

三、对　策

应对全球气候变化问题是一项全球性公共产品，没有任何一个国家能够单独承担。按照国际上大多数国家在减排问题上存在的“共同的但是有区别的责任”的共识，发达国家应该更多地承担减排的义务和责任，而中国作为一个低收入水平的发展中国家，减排责任并不大。然而，中国作为世界第一大煤炭消费国和二氧化硫、二氧化碳排放国、第二大能源消费国，减排也是责无旁贷。事实上，作为一个正在高速发展的国家，中国已经在力所能及的范围内作出努力。

(一)战略选择

低碳经济与我国的发展战略相吻合，与生态文明、科学发展观在理论上具有高度的一致性，符合我国的可持续发展的理念。实际上，在实施可持续发展战略上，在实施减排温室气体上，中国早已开始行动，先后在战略、制度、组织机构和机制四个层面采取了一系列措施。自 1992 年联合国环境与发展大会之后，中国政府就组织制定了《中国 21 世纪议程——中国 21 世纪人口、环境与发展白皮书》，并早于《京都议定书》之前中国政府就把节能减排列为国家发展重要目标，1996 年中国制定“九五”计划(1996 ~ 2000 年)时，就提出了节能率平均每年为 5%，削减包括温室气体在内的主要污染物排放量的目标，成为发展中国家中第一个提出节能减排目标的国家。2001 年制定“十五”规划时，又列出了节能和减少主要污染排放 10% 以上的目标。而《国家“十一五”规划纲要》中再次明确提出了减排的承诺，中央明确提出“十一五”期间单位 GDP 能源消耗在 2005 年基础上减少 20% 左右，森林覆盖率由 18.2% 提高到 20%，控制温室气体排放方面取得成效等目标，并努力采取各种政策措施来确保这些目标的实现。

针对气候变化，我国于 2006 年 12 月发布了《气候变化国家评估报告》，此后，于 2007 年成立了国家应对气候变化领导小组，温家宝总理亲任组长，负责制定国家应对气候变化的重大战略、方针和对策，协调解决有关重大问题，并在当年 6 月发布了第一部针对全球变暖的国家方案《应对气候变化国家方案》以及科技部联合其他 13 个部门联合发布的《应对气候变化科技专项行动》。在 2007 年亚太经合组织第 15 次领导人会议上，胡锦涛主席明确提出了“发展循环经济”、“增加碳汇”、“促进碳吸收技术发展”等目标。2008 年 7 月，胡锦涛主席在出席八国峰会经济大国能源安全和气候变化领导人会议时总结了中国在应对气候变化方面取得的成就，指出我国结合经济社会发展规划和可持续发展战略。2009 年 4 月，国家发改委宣布，国家已经开始着手制定“推进低碳经济发展的指导意见”。

作为我国“十一五”期间应对气候变化的纲领性文件，《中国应对气候变化国家方案》把到2010年实现单位国内生产总值能源消耗比2005年末降低20%左右的目标确立为我国应对气候变化的重要目标，实现这一目标将意味着我国在“十一五”期间节约能源约6.2亿吨标准煤，相当于少排放二氧化碳约15亿吨。同时，我国运用环境保护法、节约能源法、可再生能源法、清洁生产促进法、循环经济促进法、煤炭法等一系列法律法规支持该目标，并采取一系列措施来实现上述目标，以应对气候变化。

中国政府所颁布的这一系列措施，涉及国民经济的产业结构、增长方式和消费模式等诸多方面。其中不乏农业方面的相应措施。科技部、国家发改委等14个部委2007年6月14日公布的《中国应对气候变化科技专项行动》中提出了中国科技界将进行控制温室气体排放和减缓气候变化的技术开发，其中重点之一就是农业和土地利用方式控制温室气体排放技术。《中国应对气候变化国家方案》(2007年5月30日)中将气候变化概括为七大挑战，分别是发展模式、能源结构、能源技术自主创新、森林资源保护和发展、农业、水资源开发和保护以及未来我国沿海地区应对气候变化。针对这些挑战，该方案承诺通过继续实施植树造林、退耕还林还草、天然林资源保护、农田基本减少等政策措施和重点工程建设等，以应对气候变化。

2009年8月，全国人大常委会会议表决通过了“关于积极应对气候变化的决议”《决议》的六条中有五条重点谈及中国如何应对气候变化，涉及法制建设、全社会公众参与等。其中，低碳经济成为亮点。有报道指出，“低碳经济”将成为“十二五”规划的主基调，国家发改委正建议将发展低碳经济纳入“十二五”规划，并计划在十几个省市发展低碳经济的试点示范。另外，该《决议》还提出不断完善产业政策、财税政策、信贷政策和投资政策等具体政策①。

(二)紧跟前沿，着重发展具有知识产权的技术及其设备

社会经济的长期发展表明，实现经济与社会的持续发展，根本出路在于科技这一第一生产力作用的发挥。内生经济增长理论也指出，技术进步是经济发展的内生增长因素。21世纪是一个全面面向科学和创新的时代，各国都在科技发展方面予以高度重视。例如，英国在《卓越与机遇——21世纪的科学和创新》白皮书中，特别强调要保持国家的科学领先地位，加大对基础科学、基础设施的投资及人才的培养、提高创新意识、加大创新力度，以促进经济的发展。

---

① 全国人大常委会首次发声再申气候谈判“中国立潮”[N]. 南方周末，2009-09-03。

低碳经济涉及理念、政策、产业和技术等众多领域。理念的确立和政策制度的架构下，低碳技术创新是重要手段，应用这些技术进行产业创新从而提高国家的国际竞争力。在这样的过程中，如果中国只是满足于和期待发达国家资金和技术的支持，而不是积极主动进行理念、技术、制度和政策等相关创新，那么就会落后于发达国家，再次在新一轮的发展中处于下风，只能跟着他国的游戏规则。从长远来看，中国必须加快低碳技术例如可再生能源技术的发展，争取引领低碳科技的发展潮流，避免在新一轮的经济发展中被动应付从而丧失领先机会。因此，发展低碳经济的过程中，应该紧跟前沿，利用政策和市场的双重作用，着重发展具有知识产权的技术及其设备，推动低碳技术和低碳产业直至整体低碳经济的发展，争夺国际市场上的话语权。

(三)发展战略性新兴产业，抢占制高点

低碳经济涉及和催生的产业领域广泛，除了现今更加蓬勃发展的可再生能源产业外，化石燃料的低碳化如清洁煤和煤气复合发电、煤气液化燃料等；能源的效率化与低碳化消费领域如智能电网、燃料电池、节能汽车、节能家电、节能住宅和绿色物流；低碳型服务领域如碳排放权交易服务、绿色金融等。对于新兴产业领域的发展，国家必须抢占制高点，否则容易仰人鼻息。例如可再生能源产业，如果核心技术是他人的，组装是我们的，那么我们只能继续停留在这些新兴产业领域的外围。更进一步来说，中国应该以低碳经济中的战略性新兴产业发展为契机，积极调整产业结构，淘汰落后的，高消耗高污染的产业，转变经济发展方式。

(四)最大程度规避风险

任何一项新兴的产业都是具有风险的，低碳产业也不例外。对于企业来说，对低碳技术的投入显然会有风险，因此，在低碳技术拟进入市场的初期阶段，政府的直接投资及其带来的引导作用就显得十分重要。今后 10 ~ 20 年是对低碳技术创新投资的高峰时期，其中，政府部门将要起到重要的作用。今后，对低碳技术的投资以每年 200 亿美元的规模推进，低碳技术的战略组合就会随之得到最佳配置(蔡林海，2009)。在政府和市场的“两只手”的共同作用下，企业能在经济利益的驱动下，适当地规避风险，将对低碳经济的发展起到重要作用。

资料链接 1　17 次联合国气候大会一览表

时间	地点	会议主要内容及成果
1995	德国・柏林	会议通过柏林授权书等文件，就 2000 年后应该采取何种行动保护气候进行磋商。
1996	瑞士・日内瓦	会议就“柏林授权”所设计的“议定书”起草问题进行讨论，未获一致意见。
1997	日本・京都	149 个国家和地区的代表通过了《京都议定书》，它规定从 2008 到 2012 年期间，主要工业发达国家的温室气体排放量要在 1990 年的基础上平均减少 5.2%，其中欧盟将 6 种温室气体的排放削减 8%，美国削减 7%，日本削减 6%。
1998	阿根廷・布宜诺斯艾利斯	一直以整体出现的发展中国家集团分化为 3 个集团：一是小岛国集团，二是期待获得发达国家援助的国家，三是中国和印度，不承诺减排任务。
1999	德国・波恩	通过了《联合国气候变化框架公约》附件一所列缔约方国家信息通报编制指南、温室气体清单技术审查指南、全球气候观测系统报告编写指南等。
2000	荷兰・海牙	谈判形成欧盟—美国等—发展中大国(中国、印度)这三足鼎立之势。
2001	摩洛哥・马拉喀什	通过了有关《京都议定书》履约问题(尤其是 CDM)的一揽子高级别政治决定，形成马拉喀什文件。
2002	印度・新德里	会议通过的《德里宣言》，强调应对气候变化必须在可持续发展的框架内进行。
2003	意大利・米兰	俄罗斯拒绝批准其议定书，致使该议定书不能生效。
2004	阿根廷	对在公约框架下的技术转让、资金机制、能力建设等重要问题进行了讨论。
2005	蒙特利尔	2005 年 2 月 16 日，《京都议定书》正式生效。本次大会取得了重要成果——“控制气候变化的蒙特利尔路线图”。
2006	内罗毕	大会取得了 2 项重要成果：一是达成包括“内罗毕工作计划”在内的几十项决定，以帮助发展中国家提高应对气候变化的能力；二是在管理“适应基金”的问题上取得一致，基金将用于支持发展中国家具体的适应气候变化活动。
2007	巴厘岛	会议着重讨论“后京都”问题，即《京都议定书》第一承诺期在 2012 年到期后如何进一步降低温室气体的排放。15 日，联合国气候变化大会通过了“巴厘岛路线图”，启动了加强《联合国气候变化框架公约》和《京都议定书》全面实施的谈判进程，致力于在 2009 年年底前完成《京都议定书》第一承诺期 2012 年到期后全球应对气候变化新安排的谈判并签署有关协议。
2008	波兹南	八国集团领导人在八国集团首脑会议上就温室气体长期减排目标达成一致。八国集团领导人在一份声明中说，八国寻求与《联合国气候变化框架公约》其他缔约国共同实现到 2050 年将全球温室气体排放量减少至少一半的长期目标，并在公约相关谈判中与这些国家讨论并通过这一目标。
2009	丹麦・哥本哈根	通过了《哥本哈根协议》，之前的《京都议定书》、“巴厘岛路线图”、“共同但有区别原则”得以保留。

（续）

时间	地点	会议主要内容及成果
2010	墨西哥·坎昆	坚持了《联合国气候变化框架公约》、《议定书》和巴厘路线图，坚持了共同但有区别的责任原则；并就适应、技术转让、资金和能力建设等发展中国家关心问题的谈判取得了不同程度的进展，谈判进程继续向前，向国际社会发出了比较积极的信号。
2011	南非·德班	德班气候大会通过决议，建立德班增强行动平台特设工作组，决定实施《京都议定书》第二承诺期并启动绿色气候基金。

资料来源：根据新闻资料以及《低碳阴谋》(勾红洋著)一书整理而成。

第三章
低碳经济发展的动力

从农业经济到工业经济再到知识经济，不同的经济形态和经济发展模式的变化都离不开众多因素的“合力”驱动，作为一种新的经济发展模式，低碳经济的发展也不例外。对低碳经济发展的动力进行研究，能更好地探析其发展的可能性和必要性，更好地了解低碳经济的内涵。

对于低碳经济发展的动力，学术界大部分是从气候变化、国际博弈和能源等方面进行某一方面的探讨和研究。本书认为，低碳经济的发展应该是不同力量交织在一起，共同作用推动其发展。因此，本章将从外在动力和内在动力两方面进行研究。

第一节　外在动力

一、气候变化的影响

低碳经济的提出缘起于全球气候变化。近年来，全球气候变暖现象益发引人瞩目。联合国政府间气候变化专门委员会（IPCC）分布在1990年、1995年、2001年和2007年先后发表了4份全球气候评估报告，在1990年的报告中就已经警示了气温升高的危险，而2007年所发表的第4份报告中则明确指出，气候变暖是“毫无争议”的事实。根据IPCC的最新研究，在1906~2005年的100年间，全球地表平均温度升高了0.74℃；2005年全球大气二氧化碳浓度达到379μl/L，为

65 万年来最高。有专家认为 21 世纪全球平均地表气温会比 1980～1999 年上升 1.1～6.4℃（丁一汇，2007），且极端气候诸如高温、热浪、台风等等的强度会加大。

这种全球性气候变化所带来的后果难以在短期内为公众所直接感知，然而其后果确实对生态、经济和社会三大系统均具有极大的杀伤力。例如，南北半球的山地冰川和积雪面积已经在缩小。全球气候变化对水资源的时空分布造成影响，导致高纬度和一些热带地区这些原先降水就丰富的地区降水量继续增加（可能会增加 10%～40%），同时一些中纬度和热带、副热带等原本干燥的地区降水量可能会减少 10%～30%。气温变化对于物种的生存也造成威胁，有数据指出，如果全球平均温度增幅超过 1.5～2.5℃，约 20%～30% 的物种有可能会灭绝（丁一汇，2007）；气候变化所导致的海平面上升会给海岸带带来更大的风险。其次，由气候变化所带来的自然生态系统的恶化又会进一步使经济和社会系统受到伤害。以农林业为例，气温变暖加大了其生产过程中可能经历的风险如病虫害的面积增大和种类增多，从而造成粮食安全的几率增加，严重时可能造成饥荒的出现。在社会生活方面，气候的变化对于公共卫生事业也提出了严峻的挑战，无论是产业、人居环境抑或是人类健康都无一例外地会受到一定的影响。

气候变化与二氧化碳等温室气体的排放量关系紧密。近十几年以来，二氧化碳的排放量急剧增加，据世界银行的数据，1960～2007 年间全球人均二氧化碳排放量呈现平稳上升趋势，由 1960 年的 3.11 吨/人上升至 4.63 吨/人，在这将近 50 年间，全球人均二氧化碳排放量增加了 1.52 吨，涨幅达到 48.64%。从各个国家或地区的人均二氧化碳排放量上看，发达国家的人均二氧化碳排放量远远高于世界平均水平：由美国和加拿大两个发达国家主要组成的北美地区的人均二氧化碳排放量一直远远高于其他国家和地区，从 1960 年的 15.67 吨/人一直上升至 1973 年最高值 22.29 吨/人，之后虽有所下降，但也始终维持在 20 吨/人的水平；人均二氧化碳排放量排在第二位是欧盟，1960 年的人均二氧化碳排放量为 5.84 吨，1979 年达到了历史的最高点，首次突破 10 吨，之后就呈现下降趋势，一直维持在人均排放 8 吨的水平左右；日本在第二次世界大战以后通过技术引进等方式大力发展制造业等高产值产业，同时也排放了大量的二氧化碳，排放量相应的呈现出持续上升趋势，从 1960 年还处于世界平均水平之下，为 2.47 吨/人，到了 1964 年，日本的人均二氧化碳排放量就超过了世界平均水平，之后就呈现出高速增长的趋势，1960～1996 年间，日本的人均二氧化碳排放量的年均增长速度达到了 3.98%。但从发展的态势来看，这些主要发达国家的二氧化碳排放量呈现出先上升后下降的趋势。

相较之下，中国近些年来的二氧化碳增长幅度则高了许多。据CDIAC(美国能源部二氧化碳信息分析中心 Carbon Dioxide Information Analysis Center)的数据显示，近几十年来，中国二氧化碳排放总量急剧增加，例如，2000年以来，中国化石燃料的二氧化碳排放量就增长了92.0%，涨幅不可谓不快，增长幅度如图3-1所示。

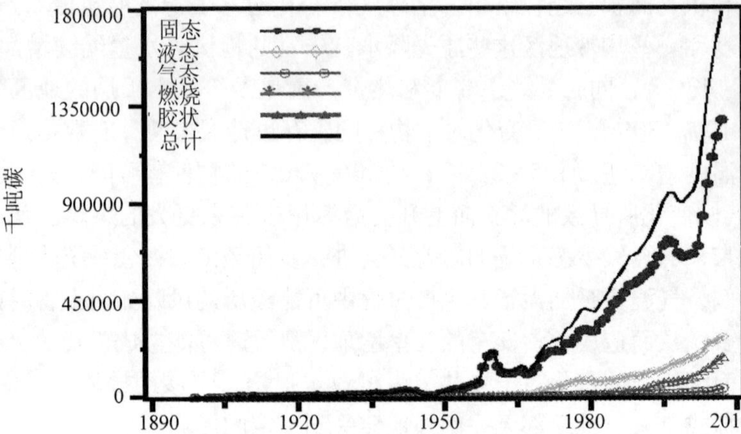

图3-1 中国碳排放量情况

资料来源：Carbon Dioxide Information Analysis Center。

对于中国而言，全球变暖所带来的影响可能更大，这是因为中国是世界人口最多的地域辽阔的国家，自然生态系统复杂，加上自身就面临着发展的问题，全球变暖将中国在发展过程中所遭受到的困难更加放大，使中国成为最大受害者之一。《中国应对气候变化国家方案》中把与全球气候变化相关的基本国情概括为：气候条件差，自然灾害较重、生态环境脆弱、能源结构以煤为主、人口众多、经济发展水平较低。气候变暖使得我国气象灾害频发，对农牧业、森林、水资源、海平面及海岸带生态系统等众多生态系统都产生了冲击。

这种例子比比皆是。例如，2004年夏天，在藏北高原的那曲地区那曲县那么切乡，乃日平措和错鄂湖湖水持续上涨，越过原先的湖岸后蔓延开来，次年夏天，湖水再次上涨，而且蔓延的速度加快，甚至从位于低洼处的草场穿过而转向高处，蔓延到周围的村子，淹没了许多牧民的房屋。根据数据显示，2004年后的这种湖水的每年上涨累计将沿湖的近3万亩天然草场淹没，造成258户牧民受灾。另外，这种气候变化危机不仅表现在农村，城市也不例外。根据经济与合作组织的一项研究，按照人口和社会资产排序，广州、上海、天津、宁波等城市已经列入全球范围内最有可能遭受洪水风险的沿海城市前20名之中。事实证明了这个担忧，2008年6月以来，广州、深圳、上海、海口等多个沿海城市先后遭到几十年甚至上百年不遇的暴雨和水灾的袭击，而且，不仅仅是这些沿海地区，即便是内陆的城市，近年来也频频出现极端天气。例如2007年7月重庆遭受115年来最强雷暴雨袭击，济南遭受有气象记录以来最大暴雨袭击，即使是昆明这种历来以自然生态环境良好而文明的城市也难逃气候变化的冲击，例如2008年7月，暴雨造成昆明80%以上的道路交通瘫痪，机场关闭8小时①。因此，从中国的角度看，为了实现可持续发展，就必须直面气候变化对我国的影响，并采取积极主动的态度和实际行动。

二、政治外交需要

作为发展中国家，中国坚持“共同但有区别的责任原则”，这是因为各国的发展历程不同，在温室气体排放总量上，发达国家占了80%，发展中国家占据20%。在京都谈判时期，发展中国家的共同努力使得国际社会在设定减排义务上要求发达国家率先减排同时为发展中国家提供资金和技术等方面的帮助，因此在今后十年或更长的时间内，中国还无需承担碳减排义务，同时中国有成本的自愿减排行动可以得到资金支持和技术援助。

然而，目前来看，中国已经是二氧化碳排放量世界第一大国。在近期内我国排放量会继续增加，而人均排放也将达到世界平均水平。因此，应对气候变暖，我国具有特殊的双重身份——既是发展中国家，又是第二排放大户，这就决定了我国发展低碳经济的特殊重要性和艰巨性。虽然《京都议定书》没有要求我国履行强制性的减排义务，但后京都时代的来临使中国面临严峻的形势和日渐增大的国际减排压力。事实也正是如此，哥本哈根会议上发达国家极力促使以中国为首的发展中国家参与减排承诺，发达国家是不会同意发展中国家继续享受免排义务。因此，减排问题实际上已成为中国的重要国际政治和外交问题。

三、国际贸易的压力

气候变化与国际贸易问题密切相关。全球气候变暖和环境恶化对人类的生存和发展构成了严重威胁，促使世界各国尤其是发达国家加强低碳经济体系的构建，并通过政策和法律将低碳经济逐步应用到实践中。从《京都议定书》到巴厘岛路线图，再到哥本哈根峰会，碳排放从一个环境问题渐渐演变成了政治、经济问题。由于各国经济发展不平衡，导致发展中国家和不发达国家在低碳技术、信

① 气候变化危机悄然而至[N]. 科技日报，2009-03-09。

息、人才、资金等方面的低碳实践上处于弱势，而发达国家作为低碳优势国，结合环保的国际诉求，对国际贸易中的进口产品设置一系列的低碳标准和采取相关措施，从而不断创设出新的低碳贸易壁垒。以“碳标签”、“碳关税”为代表的隐性绿色壁垒正逐渐成为国际贸易壁垒未来发展的主要趋势。例如，欧盟正在讨论在国际贸易中对非缔约国的进口产品征收碳税，并准备新的立法试图将所有进出欧盟国家的国际航班纳入它的排放贸易制度。同时，美国国会气候变化法案中也出现了类似的针对未承诺减排义务的贸易条款。这些绿色贸易壁垒一旦形成，对于中国在国际贸易中的竞争力是一个巨大的挑战。

第二节 内在动力

与外在动力相比，发展低碳经济更多地来自于内在动力。目前，社会上对于低碳发展与经济发展的关系存在的一种误解，认为发展低碳就难以实现经济增长，发展经济就必须抵制低碳发展。但事实上经济发展和低碳发展是不可分割的，二者缺一不可，相辅相成，它们既相互对立，又相互依赖、相互制约的辩证统一关系，它时刻体现着人与自然共生共荣的和谐关系(毛世英，2010)。不可否认，经济发展与低碳发展之间存在的一定的矛盾关系，但是这种矛盾关系是相对的，而不是绝对的，是可调和的，体现的是长期利益与短期利益孰重孰轻的关系。从短期利益上看，不可否认，低碳发展与经济发展存在这一定的矛盾。

但是，就长远来看，发展低碳经济与经济增长是相辅相成、相互促进的共生共存的和谐发展关系。一方面，发展低碳经济必然促进经济的快速发展。另一方面，经济的快速发展必然会低碳经济发展的进程。只要发展、不要低碳，以高能耗高排放为代价来换取经济增长，终究会使发展不可持续；只要低碳，不要发展，那会使经济发展停滞不前。唯有将二者统一起来才是唯一合理的出路(毛世英，2010)。而低碳发展和经济发展并行的驱动来自于内在动力，主要表现在以下几个方面：

一、实现能源安全战略以创造核心竞争力

人口的持续增加和经济的迅速发展使得人类对于地球的影响空前加大，也造成了人口、资源、环境与发展之间的矛盾。水资源、森林资源、土地资源、矿产资源、海洋资源等多种资源开始枯竭，日益减少的资源和严重的环境污染给人们

带来了忧虑和不安。

现行的经济发展模式对于石化资源的依赖严重，石化资源成为许多国家发展的命脉。但不可否认的是，作为不可再生能源的石化资源正在日渐减少，也面临着终有一天枯竭的命运，如果单纯地依赖它而不谋求新的出路，那么经济发展将面临“瘫痪”。

低碳经济的重要特征之一就是强调核能、氢能、生物质能源等新能源及其产业群的发展。经济的发展与能源状况密切相关。中国的能源危机突出，石油的储备仅占世界的2%，人均剩余可采储量仅为世界平均水平的7.7%；天然气的能源量为380000亿立方米，人均剩余可采储量仅为世界平均水平的7.1%；即使是较为丰富的煤炭也只有储量10024.9亿吨(其中可开采的为893亿吨)，仅为世界平均水平的58.6%；三大矿石能源的人均占有率不及世界平均水平的三分之一。按照目前所探明的储量和开采能力测算，我国煤炭、石油和天然气的可采年限分别只有83年、15年和30年，此外，如果按照现有的经济增长速度继续发展，那么三大矿石能源很可能在2020年便趋于枯竭(廖福霖，2007；廖福霖、陈如凯，2007)。另一方面，我国的能源消费量大，2007年我国能源消费总量达到26.56亿吨标准煤①，工业化、城镇化的快速发展对我国能源的需求将导致我国能源消费持续增加，2020年，一次能源需求预测会达到30亿吨标准煤，石油缺口则会达到2.5亿吨。能源的短缺造成我国对国外资源的依赖程度加深。目前，石油、铁矿石的对外依存度均已超过50%，铜超过60%，由此容易受到国际原材料市场波动的影响(李克强，2009)。这种能源短缺的现实决定了我国发展低碳经济的必要，也成为推动低碳经济发展的重要动力。这是出于两方面的考虑。

一方面，从目前的情况来看，化石能源在未来的数十年内仍然是世界能源的主要组成部分，因此发展高效节能技术和洁净煤技术就显得十分重要，有助于缓解资源的枯竭。节约能源和提高能源效率都有利于降低能源需求量从而减少温室气体的排放，实现“十一五”期间的节能目标。这是应对气候变化的迫切需要。

另一方面，更为重要的战略是要发展能够替代化石能源的新战略，如果说前者是“治标”，那么发展新能源便是“治本”。相对于石油、煤炭等传统能源，新能源如太阳能、风能、水能、潮汐能、核能、生物质能等等普遍具有污染少、储量大的特点，着重发展新能源及其产业能有利于缓解当今世界能源枯竭问题和生态环境污染问题。新能源将成为未来的主要能源。世界各国都已经开始实施减缓气候变化的能源战略。2006年欧盟委员会正式对外公布了能源政策绿皮书，提出可持续性、有竞争力和供应安全等三个能源政策的主要目标；美国在2009年

① 《中国统计年鉴》编辑部．中国统计年鉴[M]．北京：中国统计出版社，2008。

通过了《美国清洁能源安全法案》以期降低美国对外国石油的依赖和降低美国温室气体排放；日本于2006年编制了《新国家能源战略》，提出了节能先进基准计划、未来运输用能开发计划、新能源创新技术、核能立国计划、能源资源综合确保战略、亚洲能源环境合作战略、引导未来能源技术战略等相关战略和配套政策。

总而言之，能源安全和生态环境问题已经越来越成为一个国家经济发展的关键。传统能源已经无法满足全球经济发展的需要，低碳经济发展中的重点之一——新能源及其产业群的发展将能源、绿色和发展结合起来，提供了一个新的投资点。中国之前的发展过程中，在很多领域失去先机，丧失了宝贵机会，现在的低碳经济不失为是另一个良机，在低碳经济成为世界各国特别是发达国家如美国、欧盟和日本抢占的经济发展契机的今天，如果能抓住这新一轮的经济发展趋势，以新兴产业群取代旧产业群，形成大体量经济、形成新的增长点，扩大内需与外需相结合，将有助于我国转经济危机为新的发展机遇。面对世界各国的竞争，中国不能落后跟从，而是应该将调整和优化能源结构，提高低碳能源比重作为中国的能源发展战略。若能在发展中紧跟前沿，摒弃闭门造车的方式，努力朝着能源技术最前沿的方向前行，掌握新能源的核心技术，发展顺利，并进入大规模商业化运用，那么低碳经济的发展对于我国，就是核心竞争力所在。目前各国都处于低碳经济的初步发展阶段，各国之间的差距还不很大，中国完全有可能通过低碳经济实现后发优势和跨越式发展，在新一轮的世界经济发展中抢占制高点。

二、转变经济发展方式以实现科学发展

中国需要进行产业的升级和经济结构的优化。调整经济结构是顺应世界经济技术发展趋势，增强经济抗风险能力的必然要求。金融危机之后，世界各国都更加注重产业升级和经济结构的优化。美国奥巴马总统上台伊始就非常重视新能源等领域，提出利用信息技术提升传统产业并发展面向21世纪的战略性新兴产业的国家发展战略，日本、欧盟等发达国家也开始进行部署，提出了“再工业化”、“低碳经济”等发展理念，抢占经济和科技发展的制高点。从中国的出口情况来看，传统的劳动力密集型产业所带来的出口更多的是低附加值的产品，而且出口产品中高耗能和高排放的产品占据了较大的比例，因此我国的产业在全球产业分工体系中更多的是处于低端环节。面对金融危机后世界各国都出现的产业进步，中国的产业发展面临着更大的压力，以往的传统产业的比较优势开始减弱，加之美国等国家出台的多项针对我国产品的贸易限制政策，出口增加的困难增加。从国内的情况来看，中国自身的传统产业发展日益受到资源和环境的制约，能源、

原材料和劳动力等成本的上升也使得我国占出口主体地位的初级产品的竞争力减弱，而且资源和环境已经无法继续承载高耗能和高污染的传统产业所带来的落后产能，国民的低碳消费和绿色消费理念也对产品的节能环保提出了更高的要求，市场需求很大。在这样的背景下，中国需要进行产业的升级。以农业为例，农业可以突破传统的单纯发展粮食产业，变为发展粮食产业和发展农业生物质能源并重。人们一般都认为粮食就是小麦、水稻、玉米等谷物，其实它们的生物量只是占据了作物地上部生物量的40%~50%，其余的生物量则常常被认为是废弃物。这些“废弃物”往往可以成为发展生物质能源的来源。更重要的是，在耕地上发展生物质能有助于优化农业产业结构，稳定和增加农民收入，促进新农村建设的进程。

我国政府完全意识到产业升级、经济结构调整的必要性，在面对“保增长”和“调结构”这一两难局面时，我国政府明确提出了要转发经济发展方式，2010年10月份国家出台的《国务院关于加快培育和发展战略性新兴产业的决定》以及此后《中共中央关于制定国民经济和社会发展第十二个五年规划的建议》中发出明确的信号，要鼓励和支持战略性新兴产业发展。从低碳的角度出发，除了现今更加蓬勃发展的可再生能源产业外，化石燃料的低碳化如清洁煤和煤气复合发电、煤气液化燃料等；能源的效率化与低碳化消费领域如智能电网、燃料电池、节能汽车、节能家电、节能住宅和绿色物流；低碳型服务领域如碳排放权交易服务、绿色金融等，都是具有巨大发展前景的新兴产业。

总之，中国在金融危机所催生的以新能源为代表的第四次产业革命到来的时代，应该吸取前三次错失发展机会的教训，主动地把握机会，积极进行经济结构的调整，优化经济结构，进行产业升级，进而实现科学发展，这就要求采取新的经济形式，将会产生一系列新兴的战略性产业群，形成新兴经济体系[①]的低碳经济就是其中之一。

三、提高人民健康水平和生活质量以构建和谐社会

经济发展的最终目的是为了提高人民健康水平和生活质量，让人们的生活更好。高耗能的生产方式不仅浪费了资源，而且对环境造成了相当大的影响。经济发展与自然资源及生态环境之间的矛盾以及探求解决之道早已成为各国政府和学术界的关注热点。从目前的情况来看，环境正面临诸多严重问题：气候变化；地球保护伞“穿孔”——臭氧层出现漏洞；地球的肺在缩小——森林面积骤减，森

① 廖福霖等．生态文明经济研究．北京：中国林业出版社，2010：10。

林质量下降；地球的肾在衰弱——湿地面积骤减，且污染严重；严重的酸雨；水土流失、荒漠化；生物多样性锐减；自然灾害严重等。这些环境问题给社会经济生活带来了严重的危害。究其根源，是传统的高碳经济的发展模式所造成的经济增长与生态环境之间的“不兼容”。例如，我国目前城市的环境问题十分严重，二氧化硫排放量的持续增加，主要污染物的排放远超环境容量等，由此带来了严重的水污染、固体废弃物污染和大气污染等问题，对人民的身体健康和生活质量产生了严重的影响更有甚者，是在全国还出现了许多“癌症村”。这种情况发人深省，也说明我国已有的经济发展模式已经对人民的生活造成了伤害。由此，发展低碳经济，选择新的发展模式，是从根本上改变这个状况的必然选择。例如，在发展低碳经济过程中，如果将节能减排的工作做好，那么首先就意味着大气质量好转，老百姓就能直接受惠。从这个意义上说，为了能使人民在环境和资源的生态阈值范围内更好的生活，那么强调节能减排，提倡低碳生活和低碳消费等方式的低碳经济就是重要的民生问题。

第三节　外在动力和内在动力的有机结合

低碳经济的发展，来自于外在动力和内在动力有机结合所产生的有力推动力。其中外在动力是“低碳”发展提出的要求，而内在动力是“经济”发展给予的驱动。

从外在动力来看，“低碳”显然已经成为了一种风潮，无论是气候变化所带来的自然界的压力，国际社会的压力还是全球各国竞相发展低碳经济的浪潮，都迫使中国不得不主动而积极地融入世界发展的大趋势，着力发展低碳经济，参与世界新一轮的经济竞争。这诸多外在的压力，实际上是“低碳”的压力，会成为迫使我国发展低碳经济的外在动力。

相较而言，内在动力更为重要。内在动力可以看做是“经济”的驱动。历史经验表明，经济危机往往孕育着新一轮的经济增长点。对于发达国家来说，在遭遇了次贷危机引起的经济大危机后，低碳经济是它的经济新增长点，可以创造需求和创造就业。

从就业上看，英国学者 D · 麦凯维等(2010)的研究表明，可通过发展新兴能源行业、改造传统能源结构、实现财政激励(主要指征收温室气体排放税)以规范和完善相关的法律法规等方式创造新就业岗位。James R Stone 认为低碳经济能够促使传统行业通过工艺改进而新增就业岗位；Robert Pollin 则以美国政府投资低碳经济为例，指出政府的低碳投资对就业的拉动具有直接效应、间接效应和引致性效应。

事实的确如此。低碳经济所涉及和催生的产业领域广泛，将成为吸纳就业的重点行业。传统产业的升级所带来的节能减排，“三高”产业发展可能会使相关行业吸纳就业的能力下降，但更重要的是，低碳产业、环境基础设施建设、节能绿色产业却可以创造出更多的绿色岗位，吸纳需要转移的劳动力。中国的可再生能源产业蕴含着巨大的就业潜力。据中国社会科学院2009年发布的《气候变化绿皮书》中的资料，仅以小水电和其他可再生能源为例，2000年我国小水电企业有2万多家，固定资产近3000亿元，从业职工52万人，为安排农村剩余劳动力做出了巨大贡献。太阳能企业、风能企业、生物质能企业共计2100多家。如果每家企业按20人计，全国从业人员也在4万人以上。显然，随着科学技术的进步和产业的发展，可再生能源可为社会创造更多的就业机会。据不完全统计，中国的可再生能源产业可能提供近百万个就业机会。

综观低碳经济，从其本质来看，其实不仅仅是围绕“碳”而谈。它实际上代表了一种新兴的经济发展模式，讲究低能耗、低污染和低排放，由此催生了一些新兴的产业群，特别是新能源及其产业群。中国做为发展中国家，首要的任务当然是发展经济，唯有经济发展，提高人民的生活水平，才可能有资本有底气地去解决其他问题，这点至关重要。但我们也应该清醒地认识到，当传统的“高碳”经济发展模式走到尽头，已经被证明对资源、环境乃至人民生活造成严重损害，也削弱了经济持续发展的后劲，无法实现可持续发展。在这种情况下，如果我们能抓住低碳经济这个经济增长点，培养我们的核心竞争力，就有可能做到“低碳”和“经济”双赢，甚至可以说是低碳、经济和社会三赢。这种发展也与我国一向提倡的可持续发展、科学发展观、构建和谐社会以及发展生态文明等理念目标一致，是必然且可行的经济发展模式选择。

第四章
农地利用与低碳经济的关系研究

农业有广义和狭义之分，狭义的农业仅仅是指种植业，广义的农业则是一个复合的概念，包括农、林、牧、渔等多个行业。现今，人们所说的农业往往是指广义的农业，即包括农、林、牧、渔等多个行业在内的一个复杂的产业群，是一个复合部门。相应的，农地的概念也分为狭义和广义之分。农地的相关概念出现在许多文献中，然而表述方式有所不同，如“农地资源”、“农业土地”等。总的来看，关于农地概念的理解，大概可以分为两类。第一，从狭义方面来理解，将农地直接等同于耕地(周诚，2003)。第二，从广义方面来理解，认为农业生产的土地都可以称为农地。从类型上看，农地可具体分为几种类型，根据《中华人民共和国土地管理法》的规定，“农用地是指直接用于农业生产的土地，包括耕地、林地、草地、农田水利用地、养殖水面等。”这一分类标准也得到大多数学者的认同(孙颌等，2003；范小玉，1997)。一般来说，狭义的农地通常是指耕地，而广义的农地则包括耕地、林地、湿地和草地等农业部门说涉及的土地。本书所研究的农地是广义的农地，即用于农业生产的土地，从类型上，着重研究耕地、林地和湿地三种类型的农地。

农地是人类赖以生存和发展的重要的物质基础，因此历来是学者们研究的重点所在。农地的自然属性使其天然地与气候变化等生态环境问题关系密切，以气候为例，农地上的绿色植物是环境的“吸碳器”，它们通过光合作用，吸收空气中的二氧化碳，可减少温室气体产生，同时放出氧气，促进空气对流，同时，通过光合作用和吸附作用，农作物还可以降解空气中的二氧化硫、一氧化碳等物质。因此，《中国应对气候变化科技专项行动》中指出中国农田为含碳温室气体的“弱汇”，另有研究表明，中国增加1%的森林覆盖率，便可以从大气中吸收固定0.6亿~7.1亿吨碳(庄贵阳，2005)。此外，湿地是世界最大的碳库之一，其碳储量超过其他生态系统包括农田、温带森林和热带雨林的碳总量的总和，达到约770亿吨，占陆地生态系统的35%。

农地在利用过程中对环境的这种影响可以用外部性理论予以说明。经济外部性是经济主体（包括厂商或个人）的经济活动对他人和社会造成的非市场化的影响，根据影响的好坏，常常分为正外部性和负外部性。很明显，农地利用对于环境而言常常具有正外部性。

农地的这种环境正外部性的存在说明农地的价值不仅仅局限在市场经济价值上。随着经济的发展和人们对生态环境的重视，对于农地价值的研究引发学者对其进行了一些探索性研究，其中更不乏学者在农地非市场价值方面进行了相关的研究（Halstead，1984；Drake，1992）。大部分的研究都认为，农地的非市场价值集中体现在农地为社会公众提供环境效益等公共物品，产生于农地利用过程中。因此，随着社会经济的发展，人们对农地的认识不断深化，对于农地利用与生态环境之间的关系也引发越来越多的思考。

在气候变化方面，全球气候变化与温室气体的排放密切相关。温室效应是指因某些聚集于大气层中的气体浓度增加而引起地球温度升高的现象，这些会引起地球温度升高的气体被称为温室气体。《联合国气候变化框架公约》第三次缔约方大会规定了可能会引起温室效应的6种温室气体，分别是二氧化碳（CO_2）、甲烷（CH_4）、氧化亚氮（N_2O）、全氟化碳（PFC_S）、氢氟碳化物（HFC_S）和六氟化硫（SF_6）。六种气体中，CO_2、CH_4和N_2O被认为是最重要的温室气体。《中华人民共和国气候变化初始国家信息通报》中的数据显示，1994年，我国温室气体排放总量为40.6亿吨二氧化碳当量，其中二氧化碳排放量为30.7亿吨，甲烷为7.3亿吨二氧化碳当量，氧化亚氮为2.6亿吨二氧化碳当量。2004年我国温室气体排放总量约为61亿吨二氧化碳当量，其中二氧化碳排放量约为50.7亿吨，甲烷为7.2亿吨二氧化碳当量，氧化亚氮为3.3亿吨二氧化碳当量。可以看出对温室效应影响最大的是二氧化碳，而且其所占的比重从1994年的76%上升到2004年的83%。从世界范围来看也是如此，二氧化碳目前的排放量对全球变暖的贡献率超过50%，产生的增温效应占所有温室气体总效应的63%（唐红侠、韩丹、赵由才，2009）。农地利用既与碳排放有关，又与碳吸收有关，它对我国陆地生态系统的碳源和碳汇具有至关重要的作用。作为当今世界最大的工业二氧化碳排放国，我国陆地生态系统对于工业二氧化碳排放量的抵消情况为人所关注，因此，我们有必要全面了解农地的碳源和碳汇情况。

一方面，农地利用是温室气体排放的一个来源。因为温室气体中的甲烷、二氧化氮和二氧化碳等主要来源于农业生产。相关研究发现，每年大气中所增加的碳主要来自于三个方面，第一是化石燃料释放出的二氧化碳；第二就是土地利用变化，例如由农田变为城市、森林砍伐所导致的二氧化碳排放增加；第三是海洋生物对二氧化碳的吸收。在20世纪90年代，全球范围内大约15%的温室气体是农业用地产生的。其中，1/3的二氧化碳来源于土地用途的变化（森林的砍伐、耕作的变动和农业的集约化），而另外大约2/3的甲烷和二氧化氮来源于农业生产（彭明喜，2007）。Honghton对中国的情况进行了研究，指出1980~2000年这20年间，我国农田释放了5.5亿吨碳，土壤退化释放3.1亿吨碳，而植树造林固碳量为13.5亿吨。国土资源部的统计资料显示，1950~2005年间，全国土地利用变化的累积碳排放为106亿吨，约占全部人为碳排放量的30%，占同期全球土地利用变化所产生的碳排放量的12%。农业活动的生产过程所产生的温室气体不仅来自于耕地上农作物生产所排放的温室气体、森林资源消耗引起的二氧化碳排放等，还源于农业工业化进程中化肥、农药和农业机械等工业产品的大量投入。这些生产要素的投入使得农业能源的消费量不断增加，其排碳量成为农业碳排放的重要来源之一。

另一方面，土地利用又可以吸收碳，土壤有机碳是大气和陆地生态系统地上部碳储量的2~2.5倍，可以说土壤有机碳会通过呼吸所释放的CO_2与大气CO_2的活跃交换而直接关系到大气中CO_2的浓度，土壤有机碳库储量增加，意味着固定更多的大气CO_2，例如，国土资源部的资料显示，20世纪80年代以来，我国大规模实施的植树造林、退耕还林、退耕还草等重大生态建设工程增加了我国陆地生态系统的固碳和碳蓄积，同期生态系统固碳量可以抵消人为碳排放的1/4~1/3（刘卫东等，2010）。有鉴于此，未来气候是否进一步恶化将可能取决于土壤碳库。土壤碳库的重要性使其在国际环境谈判中将受到更多关注。事实上，欧美等发达国家都已经开始增加它们对农业土壤碳库的相关研究，以期能在环境谈判中获得更多利益。

因此不能把农业排除在减排的途径之外。和工业一样，农业具有减少排放有害气体的潜能，应该承认，通过农地利用所控制的二氧化碳的增长并不足以抵消矿物燃烧释放的大量二氧化碳。解决气候变暖的长远之计仍然应该是对能源方面的研究。但是，在矿物燃料的替代品真正开发并起作用之前，农地利用的作用是不可或缺的。这是因为，农地利用与碳之间有着千丝万缕的联系，农业土壤既是温室气体的排放源，同时也是吸收汇，取决于农地利用。除了森林的砍伐、造林/再造林外，管理措施的改进也是十分重要的，例如抑制火灾的发烧，采用低耕作农业等措施来恢复土地清理以及耕作后的土壤碳损失。下面将分别从耕地、林地和湿地的角度来分别阐述其利用与碳之间的关系。

第一节　耕地利用与碳的关系

一、耕地与温室效应

相对于森林和湿地，耕地在碳汇方面的作用较小。据 Cole 等人的研究，全球耕地面积为 14 亿公顷，其地上部生物量中所储存的碳只占据整个地球生态系统碳总量的不到 1%，土壤中的碳储量占全球土壤碳储量的 8%~10%。因此，森林和湿地转化为耕地的过程就可以看做是碳储量损失的过程。据估计，在 20 世纪 90 年代期间，有 1200 万公顷林地转化为耕地，250 万公顷林地转为草地。耕地面积增加到今天的 14 亿公顷已使地上部生物量碳损失了 930 亿吨(郭李萍，2000)。从中国的情况来看，1661 年到 20 世纪末的 300 年间，耕地面积从 6078 万公顷增加到 9609 万公顷，增加了 3000 万公顷；与此同时，森林面积则大幅度减少，从 2.48 亿公顷减少至 1.09 亿公顷，这种土地利用和覆盖的变化引发的植被和土壤碳排放总计在 45 亿~95.4 亿吨。其中，大约 27 吨来自地球物量的损失，约 8 亿~58.4 亿吨来自土壤有机物分解(刘卫东等，2010)。然而，人口增加所带来的压力又使得耕地的面积持续增加，加上人类集约的耕地利用活动，如施肥、耕作等的影响，导致耕地的碳汇作用日渐减少，甚至已经成为大气中温室气体的一个非常重要的排放源。例如，耕作使得土壤有机碳不断分解矿化而释放出 CO_2；大量施用氮肥造成了 N_2O 和 NO 等含氮温室气体的排放；化肥的使用加剧了增温效应仅次于二氧化碳的甲烷的排放等。

从另一方面来看，在耕地利用中，由于不断地收获农产品，地上部分的生物碳储量被移走，耕地中的土壤碳储量就显得尤为重要。因此，合理利用耕地，增加土壤中的碳储量，使之成为更大的碳汇。

二、耕地利用行为对减少温室气体的贡献

由上所述，耕作行为和耕作方式对土壤有机碳的稳定和累积作用显著。农户是可以通过耕地利用行为来增加土壤的碳储量，从而为低碳经济的实现做出贡献。这些耕地利用行为包括保护性耕作、免耕、间作、种植绿肥、秸秆还田和有机肥施用等。国际上的研究都比较认同保护性耕作技术，例如免耕、秸秆还田和

作物覆盖是减缓温室气体排放的经济、可行的途径。美国农业因保护性耕作、推广休闲农业和退耕还林还草等多种政策的实施，其农业土壤固定的大气 CO_2 可以抵消美国30%化石燃料燃烧所释放的碳。在欧洲，仅通过增加有机肥和作物秸秆还田等保护性耕作行为，在未来的100年内，其土壤也有年递增15TgC的潜力（Hasselmann K、Latif M、Hooss G，et al，2003）。可见，通过转变耕作方式，农地将呈现巨大的碳收集能力。

保护性耕作被认为可以减少温室气体排放的一种有效方式。学者们对保护性耕作的概念有不同的看法，联合国粮食及农业组织（FAO）将保护性农业定义为：涉及最大限度地增加地面被覆盖程度的过程，通过保留农作物的秸秆，将耕作减少到最低限度，并充分利用正确的农作物轮作制度和合理利用各种投入（化肥和农药），以实现既定生产制度的可持续和高效益的生产战略。保护性耕作最先开始于20世纪50年代的美国，具有提高作物产量、减少土壤侵蚀、调节土壤温度和水分、节省劳动力等优点，此外，由于其减少了因耕作而带来的对土壤的翻动，因而深层土壤接触空气的机会减少，土壤原有有机质的氧化和矿化减弱、土壤水分蒸发也减少。而且，残留于田间或另外覆盖于土壤之上的秸秆等有机物料的降解也使归还回土壤的有机碳数量增多。因此，保护性耕作可以在不同程度上（依气候、土壤特征等因素而各异）增加土壤碳储量。这里选择了三种最常见的保护性耕作方式：少耕或免耕、施肥管理和秸秆还田来说明其对温室气体排放的影响。

（一）少耕或免耕

少耕或免耕可以有效地控制土壤有机碳的损失，降低 CO_2 的排放量。有研究表明，采用免耕或者少耕每年每公顷能节省23千克燃料炭。日本根据一项在北海道的研究表明，在少耕的利用方法下，每公顷可以减少47.51千克的油耗，这相当于125.4千克 CO_2 的量，与传统耕作方式相比，总的 CO_2 释放量可以减少15%～29%（李洪文、胡立峰，2008）。另外，温室气体中，甲烷对温室效应的影响比 CO_2 还大，而农田生态系统特别是稻田是甲烷的重要生物源。免耕或少耕通过减少耕作次数或耕作强度来提高土壤 CH_4 的能力。Kessavalou 等（1998）曾通过试验证明上述观点，他研究指出免耕15年后，土壤对 CH_4 的吸收率比连续耕作的同等施氮量的地块高出4.5～11倍。

（二）施肥管理

利用有机和无机肥管理、灌溉管理、种植绿肥作物/减少休闲、高留茬、综合害虫防治措施等都可通过提高作物产量而增加归还回土壤的有机形式的碳，而且，施用有机肥和绿肥还可直接提高土壤有机碳储量。

施用有机肥对于土壤有机质品质的改善和土壤碳储量的提高都具有明显的作用。郭李萍(1998)通过研究，指出长期施用禽类的粪便能使0~20厘米土壤的有机碳含量提高1克/千克。邵月红等(2003)通过研究表明，长期施用有机碳对土壤有效碳含量具有明显的提高作用，绿肥，稻草秸秆肥和厩肥等有机肥处理的土壤有机碳、微生物量碳、易氧化碳和矿化碳的数量、碳素有效率均明显高于化肥处理的土壤。我国的有机肥使用历史悠久，传统农业的生产过程在获取粮食等作物的同时也生产了大量的秸秆和畜禽粪便等副产品，这些副产品再循环利用成为肥料等，而随着工业化的进程，化肥逐渐取代有机肥，使有机肥在肥料总投入中的比例日渐降低，至2003年，全国有机肥施用量仅占肥料总施用量的25%。当然，在目前，全部施用有机肥也是不现实的，据我国农业科技人员的意见，有机肥占所施肥料的比例以50%左右为好，高产田的这一比例可以低一些，而低产田的比例还应更高一些，比较适宜的比例是有机肥占60%。目前我国的有机肥施用比例显然是比较不恰当的。有机肥施用量下降的原因很多，而有机肥的生产和使用等技术相对落后是一个重要原因。以传统的农家肥为例，其生产和使用技术费工费时，不受青睐，特别是在那些劳动力价值较高的发达地区，从事这类劳动的成本高，短期效益低。而且，随着种植业和养殖业的专业化、规模化发展，一些地方的农民不再饲养畜禽，这就导致氮源的缺乏，从而难以进行传统的堆沤积肥来生产有机肥和推广沼气。

(三)秸秆还田

作物秸秆中含有大量的有机碳，如果能在水土流失地区用作土表覆盖物，在平原地区实现秸秆还田，其增加土壤碳的潜力是很大的。朱同相等人通过8年的定位试验，得出结论：作物秸秆还田(还田量300千克/亩)1年之后，土壤有机碳增加了0.39克/千克(相对增加量为18%)；在连续还田10年后，土壤有机碳比对照增加1.29克/千克（相对增加19%）。如果全国地面上的秸秆还田比率由当前的15%增加到80%，那么中国农田土壤碳的平衡状态就由当前的每年净排9.5×10^7吨碳变为从大气中吸收8.0×10^7吨碳(李洪文、胡立峰，2008)。但是在目前全国各地的大部分秸秆仍然是直接焚烧，既增加了焚烧的碳排放，又减少了土地碳的积存。如何解决这一问题，需要有效的政策和技术的支持。

第二节 林地利用与碳的关系

一、森林与碳的关系

(一)森林的碳库作用

森林是陆地生态系统的主体，是陆地生态系统中的最大碳库，46.3%的碳储存在森林生态系统中，它因此成为农业应对气候变化的最主要力量。森林生物量干重中含碳量为43%~58%，占地球全部生物量的60%以上(唐红侠、韩丹、赵由才，2009)，是大气中CO_2重要的碳汇。可以说，森林是气候调节器，是控制地球变暖的重要缓冲器。

联合国粮农组织(FAO)对全球森林资源的评估结果表明：2005年，全球森林面积为39.52亿公顷。全球森林生态系统中的碳储量为6380亿吨，其中森林植被和枯立木的碳储量为3210亿吨。联合国政府间气候变化专门委员会(IPCC)的数据显示：全球陆地生态系统的碳贮量为24770亿吨，其中植被碳贮量约占20%，森林植被的碳贮量约占全球植被碳贮量的77%；单位面积森林生态系统的碳密度较农田高得多，是农田的1.9~5倍。除了植被碳库外，森林还有碳储量更大的土壤碳库，这两类碳库还通过光合作用与呼吸作用这两个生物化学过程与大气进行CO_2的交换。研究结果表明：森林通过光合作用吸收大气中的二氧化碳，放出氧气，一昼夜吸收与放出二氧化碳的比值是3∶2。森林与大气二氧化碳之间的年碳交换量高达陆地生态系统年交换量的90%①，远远超过陆地上其他生态系统对碳的吸收和贮藏量。由此不难看出，森林生态系统在维持大气的碳平衡中，发挥着多么巨大的作用。从中国的情况看，第七次全国森林资源清查结果显示，到2008年，我国森林面积达到20.36%，森林蓄积量为137.21亿立方米，森林面积占全球森林面积的4.95%，其中，人工林保存面积6168.84万公顷，占全球人工林保存面积的28.73%，人工林蓄积量为19.61亿立方米，人工林面积居世界首位。森林的各种生态服务功能，包括涵养水源、固碳释氧、保育土壤、净化大气环境、积累营养物质及保护生物多样性等的年价值可达10.01万亿

① 应对气候变化 林业具有特殊的功能[N]. 中国绿色时报，2009-07-01。

元(刘卫东等，2010)。

(二)林业碳汇与林业碳源

《联合国气候变化框架公约》将“碳汇”定义为从大气中清除 CO_2 的过程、活动或机制，其中，林业碳汇是指森林吸收、汇聚和储存 CO_2 的能力和过程，即森林生态系统主要是通过植物光合作用吸收 CO_2，同时放出氧气，把大气中的二氧化碳以生物量的形式固定在植被和土壤中，并通过根系生物量和枯落物不断补充土壤碳库，这种碳汇作用被作为《京都议定书》确定的两类减排措施之一。据估计，全球植被固碳总量约为 4660 亿吨碳(1 吨碳相当于 3.67 吨二氧化碳)，1 米深范围内的土壤含碳量为 20110 亿吨，两者合计近 25000 亿吨碳。而大气中现有碳含量约为 7600 亿吨碳，约为陆地生态系统碳总量的 30%。森林每生长出一立方米木材，约吸收 1.83 吨的 CO_2，释放 1.62 吨氧气，在各类植被类型中，森林的碳储量约占整个植被总储碳量的 4/5. 因此被公认为最有效的固碳方式。

我国森林在减少温室气体排放方面做出了重要贡献。我国当前森林生态系统的碳储量为 260 亿 ~270 亿吨，其中生物量的碳储量为 50 亿 ~60 亿吨、枯落物的碳储量为 8 亿 ~9 亿吨。据专家测算，一辆奥迪汽车一年排放的二氧化碳，14 亩人工林就能全部吸收；一座 20 万千瓦的燃煤发电厂一年排放的二氧化碳，48 万亩人工林就能全部吸收。据资料，第六次森林资源清查期间(1998 ~ 2003)，我国年均净增长活立木蓄积量 4.97 亿立方米，年净吸收 9.68 亿吨 CO_2，是同期我国工业排放 CO_2 年均增长的 3 ~ 4 倍以上①。有研究指出，20 世纪 80 和 90 年代，我国陆地生态系统(主要是森林)每年从大气中固定 1.9 亿~2.6 亿吨碳，约占同期我国工业温室气体排放二氧化碳当量的 28%~37%(刘卫东等，2010)。另据测算，2004 年中国森林净吸收了大约 5 亿吨以上的二氧化碳当量，占同期全国温室气体排放总量的 8% 以上(唐红侠、韩丹、赵由才，2009)。还有研究指出，我国森林(郁闭度为 20%)面积从 1980 年初的 1.165 亿公顷增加到 2000 年初的 1.428 亿公顷，森林总碳库由 43 亿吨碳增加到 59 亿吨碳，平均碳密度由 3.69 千克碳/平方米增加到 4.10 千克碳/平方米，年均碳汇为 0.75 亿吨碳(方精云等，2007)。由此可见，森林对于吸收 CO_2 具有极为重要的作用，林业活动是温室气体减排增汇最经济和最有效的措施之一。

同样的，森林也具有碳源的一面，即通过自养呼吸和枯落物及土壤有机质的分解释放 CO_2 进入大气，固定于森林生物量中的碳也会有一部分因腐烂分解或森林火灾等释放 CO_2 归还大气，由此对大气中 CO_2 浓度产生影响。

---

① 应对气候变化林业具有特殊的功能[N]. 中国绿色时报，2009-09-01。

值得一提的是，森林这一碳库极易受到自然及人类活动的干扰而发生变化，而且，森林生态系统的碳库变化对大气 CO_2 浓度变化产生的重要影响具有极大的中间性：可以因为采伐、破坏、土地利用变化等过程而使森林面积、生物量、森林土壤有机质等急剧减少，使森林生态系统表现净碳释放而成为大气的碳源；也会因为造林、再造林、退化生态系统恢复、生长、建立农林复合系统以及加强森林可持续管理等过程使森林面积与生物量增加，森林土壤有机质积累，吸收大气中的 CO_2 并将其固定在植被和土壤中，表现出碳的净吸收而成为大气的碳汇。因此，考察林地利用与碳的关系，就必须从这两个相反方面出发。

二、林地利用与碳的关系

保护或扩大森林面积、保持或增加林地层面的碳密度等林地利用方式能够保持并增加森林对大气中二氧化碳的吸收、固定与储存，缓解气候变化；反之，森林退化、不合理的采伐利用如毁林等方式则会向增加向大气中排放的二氧化碳，导致温室效益加剧①。

(一)作为碳源的林地利用

造成林地成为碳源的人类利用活动通常包括林地转化、采伐、破坏等土地利用方式。

首先，改变林地用途，即砍伐森林后将其转化为农地或者牧场会使土壤有机含量出现不同程度的减少，砍伐森林或改变林地利用现状会在 20 ~ 30 年内导致 20% ~ 50% 的有机碳损失。首先，砍伐导致森林的植物残体释放了碳素，并造成土壤失去植被的保护，其次，随后的土地利用变化则对土壤有机碳造成影响：如果森林转化为牧场，那么 5 年内土壤碳含量将减少 29%，如果转变为农作物种植则会在 5 年内减少 40% 的土壤有机碳(唐红侠、韩丹、赵由才，2009)。

其次，不合理采伐、不进行更新造林和森林恢复的林地利用行为会导致毁林和森林退化从而增加碳排放。采伐森林、毁林或者发生森林火灾、病虫害后，除了其中一部分木材被加工成木制品可以继续长期地发挥储碳作用外，大部分贮存在森林生物量和土壤中的有机碳将被逐步分解释放到大气中，成为大气中二氧化碳的重要排放源。毁林会使大部分贮存在森林中的碳迅速释放到大气中，加剧温室效应。自工业革命特别是 20 世纪中叶以来，全球特别是亚洲、拉丁美洲和非洲热带地区毁林面积大幅上升，成为二氧化碳的排放源。1990 ~ 2000 年期间，

① 应对气候变化 林业具有特殊的功能[N]. 中国绿色时报，2009 - 07 - 01。

全球毁林面积达 1460 公顷；2000～2005 年，则达到全球年均毁林 1300 公顷。快速和广发的森林破坏致使全球森林生态系统碳贮量每年减少 11 亿吨(贾冶邦，2009)。据联合国政府间气候变化专门委员会 2000 年发布的《土地利用、土地利用变化和林业——IPCC 特别保护》所指出，1850～1998 年，全球化石燃料燃烧和水泥生产活动排放的温室气体约为 2700 亿吨碳，由于土地利用、土地利用变化和林业活动导致排放的温室气体约为 1360 亿吨碳，其中主要是森林破坏后导致的排放。IPCC 报告还表明：全球毁林排放的二氧化碳比全球所有交通部门的排放总量还要多，是位居能源、工业之后全球第三大温室气体排放源。因此，保护森林，减少毁林，提高森林覆盖率和森林质量，进行森林可持续经营是应对气候变化的必然选择。

(二)作为碳汇的林地利用

一方面，一些人为活动能促使森林更好地发挥碳汇的作用，这些林地利用方式包括造林、再造林、森林保护；退耕还林、采伐迹地上的森林恢复、林地上种植的树种种类的选择；对森林进行合理轮伐等，这些措施有助于保持或者扩大森林面积、增加林地的碳密度。例如，学者们对退耕还林等农用的转变为林地的有机碳变化情况进行了研究，研究的结果认为农田造林后土壤有机碳增加和减少的情况都有，但大部分的研究还是表明农田造林后土壤有机碳含量是会增加的。

在林地利用方面，据世界热带木材组织(ITTO)的专家估计，通过毁林和森林退化，全球每年可减少 37.6 亿吨二氧化碳当量的排放，到 2030 年则可累计达到 1000 亿吨二氧化碳当量；但同时，通过造林、再造林到 2030 年每年可吸收固定 187 亿吨二氧化碳当量；通过可持续森林管理到 2030 年每年可以增加碳汇 66 亿吨二氧化碳当量。IPCC 第四次评估报告也指出，减少毁林、防止森林退化、减少火灾和采伐迹地焚烧等措施可以在短期内取得较大的减排效果。从经济上看，通过植树造林和森林保护等措施来吸收和固定二氧化碳，其成本要小于工业减排。除此之外，林地的合理利用，不仅可以使得森林适应气候变化和调节碳的能力得到提升，以较低成本减排，同时还有助于增加当地的收入和就业，保护生物，防止水土流失，提供可再生能源等，推动可持续发展，获得经济效益、社会效益和生态效益三大效益的有机统一。例如，农林间作项目可以在增加碳汇、生产木材、提供多种非木质林产品的同时，有助于抵御干热风、风沙等不良气候对农作物的负面影响，促进农作物增产。

可见，为了更好地发挥林地利用对"低碳"的作用，应该在两个方面做好工作。首先是减少大气碳源，可以保护和管理好现有森林，将森林生态系统现有的碳长时间地保存在森林植物和森林土壤中；其次是吸收可以温室气体，例如通过荒山造林、退耕还林、采伐迹地与火烧迹地的森林恢复等措施增加森林面积，或通过各种森林培育与管理措施增加森林生物量创建新碳库。

有鉴于此，林业在应对气候变化中的重要作用受到特别关注。2007 年 2 月，联合国政府间气候专门委员会发布的《第四次气候变化评估报告》明确指出，与林业相关的措施，可以在很大程度上吸收二氧化碳，从而缓解气候变化。2007 年 12 月，在联合国第 13 次缔约方大会上，森林减排被列为巴厘岛路线图的重要内容。目前，世界银行也正和其他机构一起，酝酿建立森林碳伙伴基金，帮助发展中国家的保护森林、遏制毁林等活动能够得到国际碳融资。

我国政府也相当重视林地在气候变化和低碳经济中的作用。胡锦涛主席在第 15 次 APEC 会议上，从维护全球气候安全的战略高度，提出了建立“亚太森林恢复与可持续管理网络”的重要倡议，并作出了到 2010 年中国森林覆盖率由 18.21% 提高到 20% 的承诺，受到国际社会的广泛赞誉，被称为应对气候变化“森林方案”。温家宝总理在第三届东盟峰会上，进一步阐述了中国为应对气候变化，发展森林资源、建立自然保护区、防治荒漠化的目标与立场，产生了重要影响。为了发挥林业在应对气候变化中的重要作用，国家林业局专门成立了应对气候变化和节能减排工作领导小组和碳汇管理机构，建立了中国绿色碳基金，并在 7 个省份启动了中国绿色碳基金首批项目(贾治邦，2009)。

从成效上看，中国多年来大规模植树造林提高了我国森林面积和蓄积量，吸收固定了大量的二氧化碳。据专家估算：1980 ~ 2005 年，我国通过持续不断地开展植树造林和森林管理活动，累计净吸收二氧化碳 46.8 亿吨，通过控制毁林，减少排放二氧化碳 4.3 亿吨，两项合计 51.1 亿吨。全国森林净吸收的二氧化碳，相当于同期工业排放总量的 8%，对减缓全球气候变暖做出了重要贡献[①]。2009 年 11 月，我国政府公布了控制温室气体排放行动目标：到 2020 年，我国单位国内生产总值二氧化碳排放比 2005 年下降 40% ~ 45%[②]。其中，植树造林和加强森林管理作为实现这一目标的重要政策措施之一。

三、林业生物质能源

对于低碳经济，林业的另一项重要功能是可以提供林业生物质能源。一方面是化石能源的短缺，另一方面是化石能源应用所引起的环境问题，使可再生能源成为世人关注的焦点，各国都投入了大量的资金和科技资源进行研究和开发。在

① 解读碳汇林业[N]. 中国绿色时报，2009 - 02 - 23。

② 中国林业应对气候变化贡献巨大[N]. 中国绿色时报，2009 - 12 - 11。

众多可再生能源中，生物质能源是目前唯一可以制成液体取代石油的新能源。近年来发展迅速的燃料乙醇和生物柴油就是其中一例。然而问题在于，在世界上生产燃料乙醇和生物柴油的原料主要是玉米、甘蔗和棕榈，这就难免"与粮争地"，如果这个"度"没有掌握好，反而会产生许多社会和生态方面的问题。例如巴西大量种植甘蔗就造成亚马逊雨林保护遭到威胁，砍伐后破坏了二氧化碳的"汇"；美国大量使用玉米生产乙醇则引起了世界性粮食涨价等等。

因此，林业在生物质能源方面的作用就凸显出来。林地面积大，生物产量高、品种多，我国种植含油量在40%以上的木本油料树种154种，加上每年都有可以利用的大量枝桠剩余物，具有广阔的发展前景，另外，林业生物质能源便于集约经营，商品化程度高，还可以避免与粮争地，其发展的空间和潜力都很大。通过发展林业生物质能源，一方面可以促进林业的持续发展以增加对温室气体的吸收，强化林业碳汇功能，另一方面，林业生物质能源可以成为供暖和燃料的重要来源，以逐步替代农村的燃煤，减少由此引起的污染和温室气体排放。因此，林业将是我国生物质能源产业发展的重要方面，是低碳经济的重要内容。

但必须注意的是，首先，发展林业生物质能源应该科学经营，防止新的毁林，防止掠夺性经营，避免新的林地生产力衰退。其次，目前我国的林业生物质能源产业还处于起步阶段，存在着一些制约因素，整体政策体系尚未构建，国家扶持力度稍显不足，因此，关键是要调动市场和政府双方的积极性，加快发展林业生物质能源产业。

第三节　湿地利用与碳的关系

湿地(包括天然湿地和人工湿地)被称为"地球之肾"，与森林、海洋并列为全球三大生态系统类型。《湿地公约》中，湿地的定义是天然或者人工、长久或暂时性的沼泽地、泥炭地或水域地带，静止或流动的淡水、半咸水、咸水水体，包括低潮时水深不超过6米的水域。中国湿地类型丰富，除了苔原湿地外，其他类型均有分布。

湿地具有巨大的生态功能，在地球生态平衡的维系中发挥着十分重要的作用。根据联合国环境规划署2002年的研究数据，1公顷的湿地生态系统每年可以创造高达1.4万美元的价值，是热带雨林的7倍，是农田生态系统的160倍。

在湿地的生态功能之中，"碳吸收"引人注目。湿地作为四大陆地生态系统之一，一直被认为是大气CO_2的重要"碳汇"，其碳储存主要包括植被和土壤碳储存，在陆地及全球碳循环中起着重要作用；而且与全球气候变化有着直接而紧密的联系，是世界上重要的碳库之一，碳储量约为770亿吨，占陆地生态系统的35%，每公顷有机碳储量最多可达258吨，超过农田、温带森林和热带雨林系统碳储量的总和①，对于缓解气候变暖现象具有十分重要的作用。湿地由于其特殊的生态特性、在植物生长、促淤造陆等生态过程中积累了大量的无机碳和有机碳，由于湿地环境中，微生物活动弱，土壤吸收和释放二氧化碳释放缓慢，形成了富含有机质的湿地土壤和泥炭层，起到了固定碳的作用。例如，洞庭湖天然湿地土壤110厘米厚，土体总储碳量为5218万吨，相当于储存约1.9亿吨的二氧化碳，是湖南省长沙市、株洲市、湘潭市2003年燃料燃烧、人畜呼吸、森林火灾、柴草燃烧以及其他方式排放二氧化碳总量3347万吨的5.72倍。从湿地的储碳能力上，单位面积湿地有机碳贮量最多可达258吨/公顷，是森林生态系统150吨/公顷的1.72倍。植物是湿地中重要的组成部分之一，也是截留大气中二氧化碳的主要方式，同时，植物的立地环境，如底泥、富含有机质的土壤、泥炭等也是碳贮存的重要形式。

但相应的，如果湿地遭到破坏，湿地固定碳的功能将大大减弱或消失，湿地将由“碳汇”变成“碳源”，对全球气候就会产生重大负面影响。随着人类活动范围的不断扩大，大片的湿地被填埋、开垦和污染，释放大量的二氧化碳，破坏了原有的碳收支平衡。例如，洞庭湖围湖造田造成的碳损失已到82万吨；三江平原经近50年的农业开发，有机碳损失约为9万吨，相当于33万吨的二氧化碳排入大气中①。另有研究表明，三江平原沼泽湿地垦殖为农田，由甲烷源变为甲烷汇，但其增加的二氧化碳排放造成的碳损失量远大于甲烷减少量。另外，近几百年来，湿地遭到了严重破坏。其中不少湿地的迅速消失，这是人类不合理的经济活动的结果，这些经济活动包括土壤破坏、围湖、围海造田、河流改道等等。由于不合理的人类活动所造成的湿地退化问题，已经引起了国内外学者的关注。针对湿地退化的情况，各国都在积极采取措施进行湿地的生态恢复，这个过程也是湿地增加碳汇功能的过程。因此，从低碳经济发展的角度出发，必须加大湿地生态系统恢复的力度，维护湿地固碳功能，以缓解全球气候变化。

① 湿地：地球之肾[N]. 科技日报，2009-02-03。

第四节　农业在低碳经济时代的地位和作用

本书的农地是以耕地、林地和湿地为主的农地概念，相对应的，本书所指农业是包括农林牧渔在内的大农业的概念。由于不同的农地利用意味着不同的农业发展方式，因此，以农地利用为基础的农业发展模式也会对气候变化产生一定的影响。

农业是国民经济的基础，农业发展是关系到国家粮食安全和生态安全的根本性问题，因此一直为人所关注，其中，农地利用作为农业发展的基本环节，加之近年来生态环境问题的日益突出，使得人们对以农地利用为基础的农业发展给予了更多的关注。如何更好地开发利用和经营管理农地，如何实现不同农地类型的统筹发展，如何发展以及发展何种形式的农业等都是实践提出的迫切要解决的问题。

从当前的情况来看，中国的农业大部分仍然以传统农业为主，同时也融合着一些现代农业的特征。将中国现有的农业发展模式称为传统农业是因为，由于中国人多地少的国情，大部分的农业生产无法像西方现代农业那样实行机械化运作，而仍然是以劳动力投入为主，精耕细作且进行小块经营。但同时，现代农业中的石油化学制品也被广泛应用到农地利用过程中，集中体现在化肥、农药的大量使用。

传统农业与现代农业相结合的这种农业发展模式的弊端逐渐显露，突出表现为大量严重的环境污染，诸如土壤污染与退化、酸雨、水土流失、农业固体废弃物污染、牲畜粪肥、外来物种入侵、城镇污染等。这些不当的农地利用造成了一系列农业环境问题。学者们对农地利用过程中出现的种种环境问题忧心忡忡，在理论界提出了循环经济、可持续农业、生态农业和绿色农业等许多有别于传统农业发展模式的新型的农业形式，其核心是摒弃以单一的短期的经济效益作为考核农地利用的指标，而是将社会效益和生态效益纳入考核指标，从根源上探讨如何将经济效益、社会效益和生态效益有机地结合起来，实现经济效益、社会效益和生态效益的统一，使得农户在经营过程中既能得到经济上的利益，又不至于在取得经济利益的同时造成太多的外部成本或者掠夺太多子孙后代的利益，而这些新的发展理念也已经在实践中取得了一定的成果。

随着低碳经济时代的来临，人们逐渐认识到，农地的不当利用、农业的不良发展，除了会影响到粮食等关系到民生的重要生存物质供应外，还会造成另外一个严重的后果，即温室气体的排放及其对气候变暖的加重。中国农业科学院农业与气候变化研究中心主任林而达指出，我国农业目前面临双重不利影响——既面临全球金融危机的影响，也面临不断逼近的气候危机的威胁。为了应对这两个方面带来的巨大挑战，农业应该加快转变原有的发展方式。同时，农业经营过程中也会产生温室气体，对气候变暖起到推波助澜的作用。农业温室气体排放主要体现在以下四个方面：饲养反刍动物，如牛、羊、骆驼等，饲料在其肠内发酵引起甲烷排放；种植水稻，因土壤长时间被水淹没，形成厌氧条件，产生并排放甲烷；农田过量施用氮肥，造成土壤中的氧化亚氮排放；家畜粪肥处理过程也会引起甲烷和氧化氧氮的排放。农业对气候的影响主要表现农业生产过程是氮和甲烷这两种温室气体排放的主要来源。根据世界银行的数据，全世界范围内，2005年，农业生产氮排放量比重为97.1%，中国的农业氮排放量的比重也达到了88.7%；2005年，世界农业生产甲烷排放比重为60.4%，中国的农业生产甲烷排放比重为29.9%①。

尽管如此，从上文中我们仍然可以看出，农业从其本质而言，相对于其他产业，应该算是不折不扣的低碳产业。这是因为农业的基础环节——农地利用(包括耕地、湿地和林地等)与大气中的碳的变化具有密切的关系，即与气候变化有着千丝万缕的联系。森林和农田是天然的碳汇，森林在其生长过程中可以将大气中的CO_2吸收并固定在树木和土壤中；农田的经营方式，例如免耕或者减耕、退耕还林还草、秸秆覆盖，改变施肥和农药使用的方式等可以增加耕地中土壤的碳储备。也就是说，通过恢复和保护森林，对耕地进行得当的经营管理，农业可以减少大气中温室气体的浓度，从而缓解全球变暖的速度。

更进一步说，与其他行业相比，农业发展低碳经济具有明显的低成本的优势。随着科技的进步和低碳经济的发展理念的深入人心，农业在减少碳源和增加碳汇方面的潜力和优势将日渐显现出来，因为在目前，低碳经济发展的过程中，其他产业要大幅度减少化石燃料以减少二氧化碳排放，仍然受到高成本的制约。相对而言，农业则可以提供低成本的发展低碳经济的方式，例如种植特定的农作物。英格兰布里斯托大学的安迪博士及其同事在最近一期的《当代生物学》上发表的报告中提出，世界上许多国家可通过种植特定类型的农作物将更多的阳光反射回太空，以此来降低自然地表温度。这种方法与种植生物质燃料占用粮食用地不同，它不会影响粮食生产。

因此，在低碳经济时代，为了应对气候变化，农业本身面临着减缓温室气体

① 世界银行数据库，《世界发展指标》2008[EB/OL].http://www.stats.gov.cn/tjsj/qtsj/gjsj/2008/t20090609_402564037.htm。

排放和节能的压力，也面临转变农业发展方式的机遇。一方面，如何在农地利用过程中合理使用农药、化肥等投入品，是促进农业实现低碳的重要途径。另一方面，如何在农业生产中减少石化能源消耗、进行农业设施改进，发展农业生物质，都是发展低碳农业的重要问题，需要更进一步的研究，并借鉴国外的先进技术，调整农业的生产经营方式，使农业在应对气候变化中发挥更大的作用。

换言之，在低碳经济时代调整农地利用和农业发展模式调整不仅是必要的，而且也是有可能的。低碳经济的新理念为农地利用调整和农业发展模式转变提供了新的思路和方向，一些新的农地利用模式也已经出现，如绿色农业、生态农业等，与传统农业耕作方式相比，这些新的模式降低了对化学肥料、农药的依赖性，这是非常有意义的，因为在农业领域的温室气体排放列表中，化肥尤其是氧化亚氮的使用高居第三位，如果能够减少化肥的使用，无疑就是为减排做出了巨大的贡献。这些新型的农业是由中国的国情和现实“逼迫”出来的，可以看做是后现代农业，它们代表着中国农业发展的趋势和方向。因此，农业在迎接低碳经济时代的进程中，一是应该吸收和发展后现代农业的理论，以新的理念来指导农业这一古老的产业的改造和提升；二是需要进一步从温室气体的角度来考量农业发展问题，把碳源和碳汇也作为评判农业的一个方面的指标；三是国家应该着手制订“后现代”农业发展的长期规划，建立专项科研基金，加大对相关研究的投入，以推动其发展。

第五章
从低碳经济视角看农地利用的历史变迁

迄今为止，人类社会历经了原始文明、农业文明和工业文明三大阶段，正在进入生态文明的阶段。三大文明的特点不同。原始文明的特点在于人与自然的和谐共处，自然生态系统自我恢复和平衡的能力很强，在该阶段，由于人为活动力量有限，对自然的破坏程度小，基本不造成生态环境问题，包括气候问题。农业文明时代，人类利用和改造自然环境的力量和作用越来越大，对自然生态的破坏呈现出渐进式的特征，其生产方式开始对自然生态环境产生了负面影响，而这种影响在人类步入工业文明社会以来达到了巅峰。伴随着技术的巨大进步，经济快速增长，物质财富空前增加，人类中心主义的思想导致生产方式对自然环境产生了严重的破坏。急功近利片面追求经济的高速增长促使人们进行掠夺式开发，进行“三高”（高消耗、高增长、高污染）的生产方式，使资源、环境付出了巨大的代价，带来了环境恶化、生态功能弱化、气候变化，自然灾害频繁、水资源短缺以及荒漠化的加剧等问题。

不同的文明形态下，农地利用也呈现不同的阶段性特征。总体说来，农业大致经历了原始农业、传统农业、现代农业直至现在的生态农业、绿色农业等新型的替代农业。

第一节　农地利用的历史变迁

一、原始农业

人类社会一开始主要是以渔猎动物和采集植物果实为生，称不上农业二字。

但是随着人口的增长，这种获取自然野生食物的生活方式变得越来越难，人类不得不进行改变，开始饲养或者种植所捕获或者采集而来的动植物，开始了最初的“农业生产”，这就是原始农业的产生。经历了刀耕火种后，人类发明了农业工具，开始利用工具开辟新的耕地，但是当时还不可能会对土地施肥，因此无法在固定的地块上持续生产而不得不采用轮耕制和游牧制以恢复地力。

由此可见，在原始农业时代，人类活动的范围和能力有限，基本上是根据当时的自然条件和立地条件获取生存必需的产品，对土地的利用处在一个最原始的水平，不存在开发等现象，也就不存在对农地的破坏，因此可以看作是一种“低碳”的农地利用方式，但很明显，它并不“经济”。

二、传统农业

随着人口的继续增长和消费水平的提高，原始农业已经无法满足需求。人类开始有机地整合种植业和养殖业，进行了一定的循环利用(李周，2008)。例如，将种植业的“废弃物”作为养殖业的饲料，同时利用养殖业的“废弃物”作为种植业的肥料，实现了在固定地块上的持续生产，由此形成了传统农业。

中国的传统农业在殷周时期就发展到了一定的水平。而后，随着开荒和深耕能力的增强，农业生产率也持续提高，粮食产量持续增长，人口规模随之扩大。人口的增加又反过来

促进了耕地的进一步开发，这造成了一些对其他农地的侵占。例如秦汉时期的屯垦戍边破坏了草原植被，造成黄土高原森林减少和水土流失；唐代黄河下游许多林地已被开辟为农田，到了清代，人口的压力使得大规模耕地开发势在必行，当时中国北方已发展到“无土不垦”，毁林造田又加剧了水土进一步流失(育巍，2004)。另外，中国传统农业以丰衣足食为根本目的，耕织结合、农桑并举，但由于耕地数量和人口的比例小，不采用轮作休耕，讲究的是精耕细作，即利用施肥养地和水利灌溉保护耕地质量。可以看出，我国传统农业发展过程中，由于耕地对林地、草地等的侵占，造成了一定的生态破坏，对大气中的碳循环产生了一定的负面影响。

总体来说，传统农业的历史较长，由于技术方面的局限性，它以畜力为主，以农家肥为主，不施用化肥和农药，因此，虽然存在着林地、草地被侵占的情况，但总的来说，传统农业的破坏有限。另一方面，中国劳动资源丰富，传统农业基本上就是以劳动力去替代那些对中国农业而言稀缺或十分稀缺的资源，包括密集投入劳动力饲养家畜(禽)，种植绿地，收集一切可利用的饲肥，乃至河肥。以吹散的表土用以造肥来替代现今所谓的“化肥”等。因此，传统的精耕细作的

耕作管理模式注重用地与养地并重，其中绿肥种植、农家肥等有机肥的施用以及秸秆还田等多种耕作行为对土壤有机碳的保持起到了重要作用。传统农业的一些模式更是生态农业和循环农业的典型代表，具有良好的生态功能，例如浙江青田的稻田养鱼、云南红河州的哈尼梯田、贵州从江县的稻鱼鸭符合农业系统。以稻田养鱼为例，青田县的稻田养鱼历史悠久，不施化肥、不打农药，稻鱼双收。在田里，水稻可为鱼类提供遮阴和有机物质作为食物，鱼类则通过搅动增氧、排泄肥田和吞食害虫等促进水稻生长，形成了一个农业生态循环系统。因此，从整体上来看，传统农业并未对环境造成破坏，也并未对温室气体的排放和吸收造成大影响。

三、现代农业

现代农业是西欧和美国技术革命的产物。从20世纪30年代以来，欧美一些工业发达国家依靠机械技术、生物技术和管理技术的发展，对传统农业进行了全面的技术改造和升级，完成了传统农业向现代农业的转化。通过机械化、化学化、设备化、集约化等多种手段，现代农业实现了产业的革命，实现了农产品产量的大幅度增长。

传统农业发展到现代农业的主要诱因仍然是人口。中国面临的最重要的挑战之一就是在人多地少的严峻条件下，满足不断增加的人口的农产品需求，并实现农民的温饱乃至致富的需求。现代农业的基本特点是通过投入大量的化学肥料、农药，杀虫剂和除草剂等外部能量，以高投入换取农产品高产出来满足人口对粮食的需求。后果显而易见，现代农业的发展解决了农产品产量的问题，但同时也带来了产品质量不佳和生态系统被严重破坏等负面问题。据统计，传统农业消耗系数为4:1，现代农业消耗系数为10:1①。捷克所做的一项为期10年的试验结果表明，农产品每增加1%，能源消耗增加2.5%。美国的情形也是如此，近40年来投入农业的能源增长了近80倍，目前农业的石油年消费量超过6000万吨，钢材800万吨，橡胶16万吨(李周，2008)，因而有人将这种农业称之为石油农业。20世纪60年代初，刮起一股“绿色革命”的风潮。历史学家证明“绿色革命”一点也不“绿色”。它仍然是一种常规农业现代化，其核心仍然是大量增加水、肥、农药等物质和能量的投入。对于广大发展中国家来说，这种农业方式不仅对化肥等资源的需求量大，而且它带来的生态、环境和社会代价是无法承受的。以印度来说，年产的12万吨农药绝大多数是由小工厂、作坊生产的，六六六、DDT等

① 我国农业发展可用低碳代替高碳农业[N]. 科技日报，2009-08-17。

对食品造成了严重的污染，每日摄入量高于绝大多数发达国家水平，印度4大城市居民一生中患癌症的概率高达7%~11%，这与大量使用农药是密切相关的(程序等，1997)。可以说，那些推广了绿色革命的国家，基本都付出了一定的代价。

20世纪60年代后，传统的中国农业进入了现代化过渡的新时期。70年代末后，这种过渡开始加速，当时的发展基本就是仿照发达国家，推行以大量消耗化石能源为根本特征的“常规农业现代化”模式。推广水肥反应型的高产作物品种，化肥使用量迅速增长，追求农业机械化和集约化养殖业。自此，大中型农机具的迅速增加，手扶拖拉机的大量使用，化肥、有机氮、有机磷农药(包括DDT和六六六，这两种农药于1983年才明令禁止使用。但事实上80年代末仍未绝迹)和化学除莠剂的使用量不断攀升，相伴而来的就是农业能耗猛升，对环境的副作用也不亚于发达国家的水平。从中国目前的情况来看，由于是人口大国，需要提供数量充足的农产品。化肥、农药和农用机械等科学技术仍然是我国发展农业所必需的。虽然中国农业在很多地方仍然保持传统农业的方式，但这种大量依靠能源的现代农业已经获得了长足的发展，特别是依靠化肥农药等农业技术。这从我国近20年来的农药化肥施用量情况便可略见一斑(图5-1)。

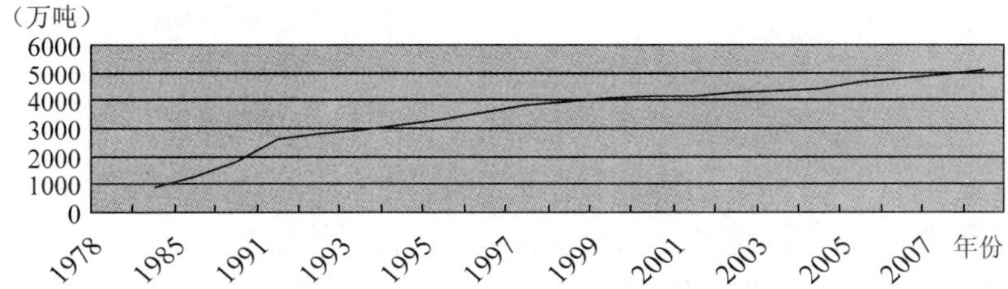

图5-1　1978~2007年化肥施用量变化情况

客观地说，现代农业在解决农产品产量上发挥了巨大的作用，我们常常自豪的宣称，中国只用了不到全球8%的耕地，养活了全球22%的人口。这当然是成就，但从某种意义上来看，这个成就的取得是建立在牺牲资源和环境的基础上。这种依靠大量投入无机肥、农药等，容易造成环境污染，是一种掠夺式的经营，对生态系统产生了一系列负面影响：农田开垦和连片种植引起自然植被减少，以及自然物种和天敌的减少；农药的使用破坏了物种多样性；化肥造成了环境污染，进而也引起生物多样性的减少；品种选育过程的遗传背景单一化及其大面积推广，造成了对其他品种的排斥。如果用碳经济的概念衡量，这种农业可以说是一种“高碳农业”。单以“碳”来衡量，这种农业生产存在很大的问题。首先是农业大量使用商品能源的不可获得性。当前的农业现代化需要化石能源的大量使用，包括制造和使用农机、化肥和农药的能量，灌溉电耗等，这些化石能源的集约使用对农业的增产最为有效，然而它们是一次性能源，缺乏持久性。其次是造成环境的酸化等环境问题。现代农业对资源的不合理利用导致了环境的日益恶化，例如过量抽取地下水造成地下水水位下降甚至枯竭，滥垦造成每年损失的耕层表土逾百亿吨等。现代农业生产过程中所排出的废气、废水、废渣以及残留的农药等日益严重地污染着土壤、水以及大气，过度使用氮肥致使氮素残留进入地下水造成饮用地下水硝酸盐含量超标，另外，工业能源的大量使用，加之化肥、农药、农业机具的生产、使用过程中所产生的大量有害气体，使得空气中的二氧化碳、二氧化硫、甲烷、氧化氮等成分大量增加，造成环境的酸化，引起“温室效应”，对气候恶化产生了推波助澜的作用。

四、替代农业

现代农业的典型代表——石油农业的弊端引起了人类的普遍且高度的关注，农业发展与生态环境之间的不协调，促使人们寻找新的农地利用方式和农业发展模式以消除现代农业发展过程中农地利用的负外部性，来克服石油农业模式的负效应，人们由此提出了各种各样的农业发展新模式，并在世界各国开始尝试，诸如有机农业、可持续农业、绿色农业、生态农业等多种新型的农业方式得以进入实践阶段。

虽然这些新型农业发展模式并不完全相同，但它们都有一个共同点，即都是要求改变石油模式农业，力求克服那种单纯追求经济利益而忽视生态环境的发展模式的弊端，都试图探索生态与经济协调的可持续的发展。这些新型农业被称为“替代农业”，当然，相同的实质性内容采取了不同模式和方式。例如，有机农业是一种遵循自然规律和生物学原理，采用可持续的农业技术来协调种植业和养殖业之间的平衡，在整体生产过程中完全不用或基本不用化学合成的农药、化肥等物质的农业生产体系（温明振，2006）。绿色农业是充分运用先进科学技术、先进工业装备和先进管理理念，以促进农产品安全、生态安全、资源安全和提高农业综合效益的协调、统一为目标，以取得农产品标准化为手段，推动人类社会和经济全面、协调可持续发展的农业模式（严立冬等，2008）。生态农业是基于生态学原理，融合了经济科学、系统工程学等学科方法，将生态效益纳入农业发展目标，将生态学原理应用于农业生产之中。与石油农业相比，这些替代农业虽然方法有所不同，但是都重视农业的生态环境的影响，力求经济效益与生态效益、社会效益的统一，因此在农药化肥的投入上都有所控制，代之以有机肥、有机肥与无机肥的结合、间套复种等生物型集约技术的应用，因此，在减少温室气体排放方面，它们显然比石油农业进步许多，从理论上说，这些农业发展模式已经是“低碳的农业”，值得因地制宜地进行进一步推广和发展。

在实践中，虽然我国农业生产方式仍然大部分处于传统农业与现代农业结合的阶段，但我们也应该看到，对于石油农业发展模式的反思已然开始，替代农业已经在实际生产中逐渐出现并发展起来。对于以人多地少为一大特色的中国农业来说，前途在于发展机械化大农业与劳动密集型的园艺小农业相结合的现代化生产农业，特别是绿色的生态农业(胡培兆，2004)。在实践中，我国在20世纪70年代末、80年代初开始引用和研究“生态农业”，提出在中国发展生态农业的可持续发展模式，并且开展了生态农业试点。最近几年，国家在全国开展了50个生态农业试点县建设，在100个地区开展了生态示范区试点建设。另外，我国已经开始建立了国家环境保护总局有机食品发展中心。

第二节　林地利用的历史变迁

一、新中国成立至改革开放前的林地利用

新中国建立的时候，森林资源已经遭到严重破坏。当时，全国森林面积仅有8280万公顷，宜林荒山28959万公顷，按国土面积9.6亿公顷计算，森林覆盖率仅为8.6%①。加上当时的政治、经济和社会发展阶段决定了国家需要大量的木材来满足经济建设和战争的需要。大规模的采伐森林必然对生态环境也产生了严重的影响，也进一步加剧了森林资源的有限与大量的木材需求量之间的矛盾，周恩来当时就指出，林业应该遵循“越采越多，越采越好，青山常在，永续利用”的原则。1950年全国第一次林业业务会议制定了“普遍护林，重点造林，合理采伐和合理利用”的林业建设方针，开始将护林也作为林业发展的一项重要任务。

对森林资源的保护让新中国的林业有所进步，然而1958年全国开始了“大跃进”和人民公社化运动，“高指标、瞎指挥和浮夸风”也波及林业，严重干扰和破坏了林业建设，特别是砍伐大量木材作为“大炼钢铁”的能源来源，集中过量砍伐，甚至乱砍滥伐等等，给森林资源带来灾难性影响。这场对林业的破坏不仅范围和规模大，而且持续的时间长达4年之久。

---

①　国家林业局．中国林业五十年(1949～1999)[M]．北京：中国林业出版社，1999。

“大跃进”结束后，全国开始冷静并反思。对于林业建设也是如此。1964年，林业部提倡了“以营林为基础，采育结合，造管并举，综合利用，多种经营”的林业建设方针，木材采伐量大幅度降低。

好景不长，在中国林业发展道路不断探索的过程中，1966年，“文化大革命”爆发了，中国林业又进入了新的折腾阶段，包括撤销了林业管理机构，废弃原先较为合理的林业方针政策、规章制度等。加上中国在60年代所出现的第2次生育高峰人口对耕地的压力越来越大，并导致了粮食危机，“以粮为纲”的政策便应运而生，林地必须为粮食生产让路就是必然的了。后来的“文化大革命”又进一步冲击了林业管理体制，特别是森林资源的管理制度、林权制度造成了森林的严重破坏，出现了新一轮的乱砍滥伐，同时是大面积开荒种粮，破坏了生态。

总体说来，改革开放之前，无论是经济和社会的发展阶段还是人们的认识和发展理念都决定了当时我国的林地利用主要是以木材生产和供应为主，森林被当做是一种经济资源，注重其经济效益，而较少考虑到森林对于生态环境方面的作用。虽然国家领导人对森林的生态效益也给予了一定的重视，但迫于木材供求矛盾和经济建设的压力，以木材利用为中心的林业经营指导思想尚未得到根本的转变，生态利用为主，生态保护的思想还没有能干占主导地位，整个社会的生态环境保护和可持续发展等意识也还很薄弱。

这样的林业经营指导思想和经营方针必然导致了天然林资源的过度消耗，是林地的不当利用导致了森林资源的破坏，森林覆盖率下降、森林质量不高且分布不均，从而造成了水土流失、土地沙化等生态恶化现象。

二、改革开放以来的林地利用情况

改革开放以来，林业的发展进入了新的历史时期。首先是为了更好地保护森林促进林业发展，国家开始制定林业相关法规，把林业发展纳入法制的轨道。从1978年邓小平提倡制定“森林法”，历经7年，于1985年1月1日起施行。之后其他的林业法规也相继出台，为林业的发展创造了良好的制度环境。其次是改革对林业发展的影响。以林业“三定”为开端并一直延续至今的林权改革；80年代中期的放开木材市场，改革流通体制的改革；以及森林资源管理制度、林业税费等改革，都促进了林业的发展。但与此同时，以经济建设为中心的总体方针指引下，我国的经济发展驶入快车道，GDP的持续高增长率必然导致木材需求的急剧增加。而在强大的需求压力下，木材采伐量也大大增加了。因此使森林资源消耗量超过生长量。1981~1997年间，用材林成过熟林面积和蓄积仍然减少，根据第四次全国森林资源清查结果显示，在清查间隔期内，森林面积减少了 70.90 万公顷，年均减少 27.10 万公顷，蓄积减少 25337.21 万公顷，年均减少 5473.17 万公顷。

森林资源的减少必然对生态环境产生不良影响，20 世纪末的特大洪水又进一步引发人们对林业法制战略的反思，激起社会和政府对林业的高度重视，从而制定了一系列推动林业发展的重要政策。另一方面，可持续发展理念的提出，对林地利用提供了新的思路。自 1992 年联合国环境与发展大会的召开让可持续发展更加深入的纳入各国的发展战略中，大会之后，中国积极响应，从 1992 年的《中国 21 世纪议程》到 1994 年的《中国 21 世纪议程——中国 21 世纪人口、环境与发展白皮书》再到其后中国所提出的一系列对策、方案和计划，在这个进程中，林业在生态建设中的重要地位得到社会各界的广泛认同，也成为关注的焦点。在可持续发展思想的指导下，国家相继启动了一系列生态保护工程，如大力发展人工林、封山育林、天然林保护、退耕还林、退牧还草、建设长江、珠江、沿海等防护林体系和湿地保护等工程。

国家的重视和政策的实施取得了良好的效果。20 世纪 90 年代初，全国每年以植树造林 8000 多万亩、封山育林 7000 万亩的速度向前发展，全国人工造林保存面积累计已达 4.99 亿亩(刘振清，2007)，居世界第一。与世界森林变化情况相比，中国的森林面积近年更是来呈现出良好态势。根据世界银行的数据，1999～2000 年，世界森林平均消失率为 1.5%，2000～2005 年增加到 1.7%；森林覆盖率从 2000 年的 30.8059% 下降到 2005 年的 30.5222%。相对应的，中国的森林则呈现增长的趋势。1999～2005 年中国森林平均消失率为 -0.4%，而森林覆盖率则从 2000 年的 18.98% 增加到 2005 年的 21.15%①。第七次全国森林资源清查结果显示，到 2008 年年底，我国森林面积已达到 1.95 亿公顷，森林覆盖率达到 20.36%，森林蓄积量 137.21 亿立方米，均列亚洲前列②。

我国林业的发展为世界林业作出了巨大的贡献，中国近年来大规模的植树造林和天然林资源保护促进了森林资源的增加。我国在发展人工林的显著成绩已经得到世界的广泛认同和高度评价。据联合国全球森林资源最新评估，全球年均减少森林面积约 1 亿亩，而中国年均增加森林面积 6000 多万亩，我国人工林面积年均增量占全球年均增量的 53.2%(贾治邦，2009)。第七次全国森林资源清查结果显示，直至 2008 年年底，人工林保存面积 0.62 亿公顷，蓄积量 19.61 亿立

① 世界银行数据库，《世界发展指标》2008 [EB/OL]. http://www.stats.gov.cn/tjsj/qtsj/gjsj/2008/t20090609_402564037.htm。

② 中国林业应对气候变化贡献巨大[N]. 中国绿色时报，2009-12-17。

方米，继续保持世界首位①。我国已成为森林资源增长最快的国家。另外，林业重点工程建设也取得了丰硕的成果：2008 年，天然林资源保护工程完成各项公益林建设 100.90 万公顷；退耕还林工程完成造林面积 130.73 万公顷；京津风沙源治理工程完成造林面积 46.90 万公顷；三北及长江流域等防护林体系建设工程完成造林面积 76.62 万公顷；重点地区速生丰产用材林基地建设完成造林面积 5294 公顷；石漠化综合治理规划顺利实施，中央投资 4 亿元完成林业治理项目 2.61 万公顷②。

森林资源总量持续增长使得我国吸收二氧化碳的能力显著增加，在减缓气候变暖方面发挥了重大作用。1980 ~ 2005 年，中国通过持续地开展造林和森林经营、控制毁林，净吸收和减少碳排放累计达 51.1 亿吨。2004 年中国森林净吸收了约 5 亿吨以上二氧化碳当量，占同期全国温室气体排放总量的 8% 以上。据中国林业科学研究院依据第七次森林资源清查结果和森林生态定位监测结果评估，目前我国森林植被总碳储量高达 78.11 亿吨①。

我国的林业已经取得很大成绩，但还有很大的潜力。一是森林面积上还有潜力。有研究表明，我国还有约 8.5 亿亩的宜林荒山荒地未造上林，再加上退耕还林的面积，我国的森林覆盖率最大值可以达到 26%~28%（贾治邦，2009）。二是森林质量的提高上也有很大潜力。要充分发挥林业的经济、社会和生态三大效益，单靠提高森林覆盖率是不够的，还应该着力提高森林质量和效益。2003 年由福建永安率先发起新一轮林权改革，之后在江西及其他省推广，2008 年 6 月 8 日，国家颁布了《中共中央 国务院关于全面推进集体林权制度改革的意见》，标志着集体林权制度改革进入了全面推进的阶段。通过此次制度改革，大大推动了林农的生产积极性，出现了“把山当田耕，把树当菜种”的新景象，有利于大幅度地提高森林的质量和蓄积量，这样，在提高了森林的覆盖率的同时，又通过改革调动了林农进行森林经营的积极性，提高了森林质量，充分发挥了林业发展的潜力，为应对气候变化作出贡献，是发展低碳经济的有效途径。

当然，目前林业还存在一些不容忽视的问题。例如林地利用过程中林龄结构不合理，中幼龄林比重大，成过熟林的面积和蓄积的下降，降低了林地利用的碳吸收能力，生态经济效益较差。又如，毁林开荒和多头批准占用林地等现象仍然存在；不合理采伐、森林火灾等原因也造成了林地的流失，逆转为无林地、疏林地等。这些都对森林资源造成了破坏，是在林业发展过程中值得注意的问题。

---

① 中国林业应对气候变化贡献巨大[N]. 中国绿色时报，2009 - 12 - 17。

② 中华人民共和国环境保护部 .2008 中国环境状况公报 [EB/OL]. 新华网 . http://news.xinhuanet.com/environment/2009 - 06/05/content - 11494157.htm。

第三节　湿地利用的历史变迁

一、中国湿地利用情况

中国的湿地资源丰富，到目前为止，我国湿地面积为38485.5千公顷，居亚洲第一、世界第四位。其中天然湿地36200.6千公顷，包括近岸及海岸5941.7千公顷、河流8207.0千公顷、湖泊8351.6千公顷和沼泽13700.3千公顷；人工湿地2285.0千公顷。湿地面积占国土面积的比重为4.01%①。其中，单位面积大于100公顷的湿地总面积为3848万公顷②，从整体上看，我国湿地具有类型多、面积大和分布广等特点。

然而自然界这种丰富的馈赠却没有得到应有的珍惜。世界各国都不同程度地存在湿地破坏和湿地消失的问题。据联合国《千年生态系统评估》的研究表明，全球湿地消失的速度超过了其他任何生态系统。同时，湿地的不合理利用方式带来了包括降水不均、大面积污染等一系列严重的生态环境问题。中国也不例外。近年来，中国的湿地正在遭到严重的破坏，其原因是多方面的，如人口增加、单纯追逐经济利益的经济发展模式和土地的不合理利用等。由于人们对湿地生态功能和价值的认识不足，在经济利益驱动下，过度开发利用湿地，导致我国湿地面积减少，生态功能下降，40%的重要湿地受到中等和严重威胁。这些行为包括盲目围垦、围湖造田等占用天然湿地、湿地污染、泥沙淤积以及过度用水和沙漠化等导致湿地萎缩甚至消失。有关数据显示，近40多年以来，我国沿海地区的围垦滩涂湿地面积累积超过100万公顷，相当于现有沿海湿地面积的50%左右。围湖造田的情况更为突出，例如，汉江平原原有的50万公顷的湖泊，自50年代到80年代减少了约43.67%，洞庭湖被围去17万公顷，鄱阳湖已被围去8万公顷，太湖则在1969~1974年之间被围去大约1万公顷。这些天然湿地的萎缩严重威胁到周围的生态环境，出现了水土流失、干旱和风蚀沙化等生态安全问题（王炳春，2007）。2003年，由世界自然基金会主办的"追寻通江湖泊"活动中的调查显示，长江中下游地区的湿地面积呈急剧萎缩趋势，导致其防洪蓄洪能力大

① 《中国统计年鉴》编辑部．中国统计年鉴[M]．北京：中国统计出版社，2008。

② 湿地：地球之肾[N]．科技日报，2009-02-03。

大降低，并使得周围江湖生态系统遭到严重破坏。究其原因，是因为一些地方长期以来片面地追求经济利益，湿地遭到很大破坏，加上沿江两岸许多地方的水利设施建设过于密集，人为地切断了湖泊与长江之间的天然联系，导致原先与长江相连的湖泊数量由 100 多个减少到只剩下洞庭湖、鄱阳湖和石臼湖 3 个通江湖泊。

湿地保护面临着一系列问题，如退化、萎缩、破碎化以及水体污染等。以福建为例，其复杂多样的地貌，广阔的海域，优越的自然和地理条件决定了福建的湿地资源十分丰富。根据历史资料，福建省天然湿地面积原约 200 多万公顷，但现存的天然湿地已经大幅减少。据统计，目前福建现存湿地总面积为 44.3 万公顷，其中天然湿地面积为 42.12 万公顷，人工湿地面积为 21.8 万公顷。天然湿地中，近岸及海岸面积为 37.06 万公顷，是天然湿地的主体，面积占天然湿地的比重超过 85%①。然而一些地方单纯追求短期经济利益，盲目围垦湿地，破坏沿海防护林、红树林的事件时有发生。虽然近些年福建省在恢复红树林方面做了很大的努力，红树林的数量的确有所增加，但绝大多数尚属幼林，吸碳和生态功能还较弱。此外，湿地萎缩现象也十分严重。河流上游植被遭到破坏使得水土流失加剧，导致河道淤塞和湖泊数量减少、面积缩小。而盲目在河流中上游修建水库和过度用水等人为活动则使得我国湿地面积不断减少。有监测表明，我国沿海湿地面积因盲目围垦和过度利用等行为而遭到损失。随着我国经济的快速发展和人口的继续增加，湿地缩小的威胁仍然存在。

在湿地面积减少的同时，湿地质量方面也出现了问题。随着人类开发农业和城市化进程的强度的增强，湿地成为工农业生产废水和人类生活污水的排放场所，污染严重，加上人类不合理使用土地，导致了土壤酸化等污染，严重破坏了湿地内的生态环境。

二、中国湿地保护情况

近年来中国正在努力加强湿地保护。国家林业局局长贾治邦曾指出，我国将力争到 2010 年使 50% 的自然湿地和 70% 的重要湿地得到有效保护，并建立起结构较为合理、功能较为优化的湿地保护网络体系，逐步扭转湿地面积减少和功能退化的局面②。中国自 1992 年加入《湿地公约》后，采取了一系列重要措施保护湿地，制定了一系列的湿地保护战略和规划，并将湿地保护与相关专项规划紧密

① 《中国统计年鉴》编辑部. 中国统计年鉴[M]. 北京：中国统计出版社，2008。

② 湿地：地球之肾[N]. 科技日报，2009-02-03。

结合。2000 年，国家制订了《中国湿地保护行动计划》，经过全国的湿地调查，编制完成了《全国湿地保护工程规划(2002～2030)》，2004 年，国务院办公厅发出了《关于加强湿地保护管理的通知》。其后，国务院批准实施《全国湿地保护工程实施规划(2005～2010)》，并已将其纳入国家"十一五"规划。另外，和野生动植物保护、沿海防护林体系建设、水污染防治等项目一起，湿地保护也作为重点建设内容之一纳入了国家和区域的相关专项规划。到目前为止，我国已经初步搭建起国家、区域、地方和项目区的 4 级多专项的湿地保护规划体系(印红，2008)。

近两年来，《全国湿地保护工程实施规划》已通过专家论证，国际重要湿地监测技术规程也已制定完成并开始试点，国家林业局和有关部门已经审批湿地项目近 200 个，中央投资 8 亿元。《青海三江源自然保护区生态保护和建设总体规划》等专项规划顺利实施，此外，开展了湿地重大政策的研究工作，启动了湿地生态补水机制研究，开展了黄河流域生态补水的调研工作。在国家工程的辐射带动下，各地纷纷投入资金开展湿地保护和恢复项目，一批生态地位重要的退化湿地生态状况正在逐步得到改善。例如，黑龙江省继续实施扎龙湿地的生态补水工作，福建、江西等省出台了湿地公园管理办法，加强了对地方湿地公园的管理。

湿地保护的立法也取得了积极进展，2008 年 10 月 20 日，国家林业局会议通过《中华人民共和国湿地保护条例》。同时，各地的立法工作也都取得了一定的进展，2008 年，全国完成地方湿地立法的省份已达到 8 个，管辖范围超过了国土面积的 30%①。全国湿地保护行政管理机构不断完善，成立了中国履行国际湿地公约国家委员会，并在国家林业局设立了履约办公室，湿地保护网络体系、政策法规体系、调查监测体系和宣传教育培训体系逐步完善，湿地保护管理开始步入良性发展轨道。

经过努力，我国湿地保护体系进一步完善，已有超过 40% 的自然湿地得到有效保护。2008 年我国新增国际重要湿地 6 块，总数达到 36 块；新建国家湿地公园 20 个，总数达到 38 个，已有 21 个省(自治区、直辖市)开展了国家湿地公园的试点工作，各级湿地公园数量已达 80 处。全国湿地类型自然保护区达到 550 多个，占 2030 年规划目标的 77.6%，占总面积的 49%②。目前，大体上形成了以湿地自然保护区为主体，国际重要湿地、湿地公园、湿地保护小区等多种保护管理形式相结合的湿地保护网络体系，以自然保护区为主体，国际重要湿地、湿地公园并存的湿地保护管理体系正在逐步形成。由此，约有 1790 万公顷

---

① 贾治邦. 加强湿地保护　维护生态安全——在"衡水湖湿地保护与建设论坛"上的演讲[J]. 湿地中国，2009。

② 湿地：地球之肾[N]. 科技日报，2009－02－03。

的自然湿地得到了较好保护①。中国的这些实际行动，加强了国际合作，2005 年以来我国连续当选为湿地公约常委会成员国，并先后获得了“献给地球的礼物”、“全球湿地保护与合理利用杰出成就奖”等数项殊荣。

第四节 耕地利用的历史变迁

耕地利用随着我国社会、经济和生态环境的不断发展和变化而不同。新中国成立时，我国的工业基础十分薄弱，在之后的 30 年间，加速工业化成为经济发展的重要任务，而由于人多地少，农业生产力水平低下，因此，耕地利用的重点在于提供农产品，保证粮食产量，保证基本食品供给，同时为工业化提供原料和积累。在这样的目标下，大规模复垦和开垦耕地以尽可能地扩大耕地数量成为农地利用的主要追求。据统计，40 多年间累计开发和复垦耕地 7080 万公顷，1949 ~ 1979 年间，耕地面积由 9788 万公顷增加到 9950 万公顷，净增 162 万公顷(臧俊梅，2007)。但是由于片面追求粮食产量，在耕地开发利用过程中出现了毁林种粮、围湖造田等现象，对林地、湿地都造成了一定的破坏。

改革开放后，我国进入了经济建设的快速发展期，在这个阶段，工业化和城市化对耕地的侵占成为各地的普遍现象，农地的非农化转变成为常态。“六五、七五、八五”期间耕地分别净减少 3528、184512 和 105313 万亩。与此同时，农地利用结构也进行了调整，恢复了草地和林地面积，园地和鱼塘面积也迅速增加。这两方面共同作用使耕地面积锐减。之后，随着社会经济的发展和对土地资源利用方式不合理，加上人口持续增长和工业化水平的提高对耕地的压力，我国耕地数量的减少情况仍然存在。近年来，耕地面积持续下降，从 2001 年的 19. 14 亿亩减少到 2007 年的 18. 26 亿亩(图 5-2)。

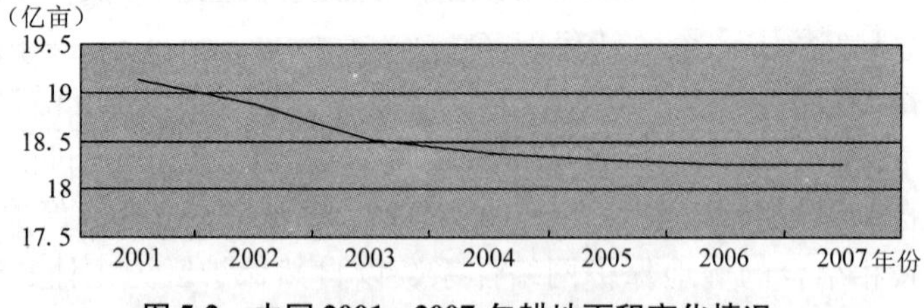

图 5-2 中国 2001 ~ 2007 年耕地面积变化情况

资料来源：2007 年中国国土资源公报

http：//www. china. com. cn/policy/txt/2008 - 04/17/content_ 14971489. htm

---

① 贾治邦. 在国家湿地科学技术专家委员会成立大会暨第一次会议上的讲话. [EB/OL] http：//www. shidi. org/sf_ 02769D549BEF48908BE0656C8F8B2C76_ 151_ sdb. html。

耕地面积持续减少的现实给我国敲响了警钟。因为耕地对我国来说，是一种基础和特殊的重要资源，承担着粮食安全等重要责任，因此，国家始终十分关注耕地变化的动态，并制定了严格保护耕地的政策。1996 年国家土地管理部门把保持耕地总量动态平衡作为整个土地管理工作的首要战略目标，1997 年，中央正式提出了“耕地总量动态平衡”政策，我国开始进入一个以耕地总量动态平衡为基本目标的新阶段，限制了各地对建设用地的盲目需求，在保护耕地的数量方面起到了积极的作用。据国土资源部统计数据，1997～2003 年的 7 年间，所补充的耕地数量大于建设占用的耕地数量，总体上实现了法定的占补平衡要求。但是值得注意的是，首先，补充的耕地质量不高，而建设占用的耕地则多是优质耕地。也就是说，虽然目标上总体实现了占补平衡要求，然而在质量方面却有所欠缺，2001 年和 2002 年全国耕地的总体生产能力是下降的（谭永忠等，2005）。其次，大部分新开垦的耕地是以损失牧场、林地和湿地为代价的，容易造成生态环境破坏，如引起风蚀沙化等土地退化问题。

耕地质量的退化还来自于水土流失以及不合理利用。目前，约有三分之一的耕地受水土流失危害，每年土壤流失总量达 50 亿吨，相当于在全国现有耕地上刮去 1 厘米厚的表土，损失的 N、P、K 养分相当于 4000 万吨化肥。水土流失造成了土地荒漠化严重。根据计算，我国潜在荒漠化发生地区可能涉及内蒙古、辽宁、吉林等 18 个省（自治区、直辖市）（王炳春，2007）。另外，耕作方式的不合理，不仅造成耕地质量的退化，而且对周围的环境产生了负面影响。现今，耕地污染严重，已成为我国三大环境污染要素（大气、水体和土壤）之一。据不完全调查，目前全国受污染的耕地约有 1000 万公顷，且多数集中在经济较发达地区①。污染的来源多与农地的不当经营有关，一些地区长期过量使用化学肥料、农药、农膜以及污水灌溉，其中农田化肥施用逐年增加，逐渐替代原先施用有机肥的传统，这是造成面源污染的主要原因之一。我国农业施用有机肥的历史较悠久，在 20 世纪 50 年代初，我国农业主要依靠有机肥料来提供养分，而人粪尿、堆肥、厩肥等有机肥对土壤肥力的增加具有良好作用，并且有助于减少温室气体排放。但后来随着化肥工业的不断发展，我国农田的化肥的施用量不断增加，从 1980 年开始，我国化肥施用量逐年上升，至 2007 年，我国化肥施用量达到 5107.832 万吨，是 1980 年化肥施用量的 4 倍。我国也是世界上最大的农药施用国，农药施用量远高于发达国家和世界平均水平。2005 年我国农药施用量为 146 万吨，是我国 1990 年施用量的 2 倍，是 1950 年 0.05 万吨的 2900 倍，超过世界农药施用总量的 30%（袁平，2008）。

① 为广大农村实现全面小康提供良好的环境保障[N]，光明日报，2009－03－15。

耕地的利用变化与制度变迁紧密相关。例如，造成1958年耕地面积急剧减少和对土地造成破坏的原因并不单纯是追求农业经济增长主要还是来自于制度方面。1958年，我国出现了“大跃进”和人民公社化浪潮，失去土地所有权的农民以减少劳动数量、降低劳动质量等方式来表达他们对该政策的不满，所以耕地因得不到保护而导致面积减少。而目前耕地面积减少、耕地质量退化、农药化肥的过度使用与农地面源污染等种种问题的出现，与所实行的制度关系紧密，表现在耕地开发利用主体单纯追求经济效益，并且其行为呈现短期化，对耕地中开发索取多而保护少，重用轻养的利用方式导致耕地的地力衰退，质量下降。

耕地不合理利用造成的环境问题，特别是耕作方式不合理造成的农业面源污染问题日益得到政府的重视，并于近年来采取了一系列的积极措施。首先是合理地调整农业施肥结构。从2005年起，我国在不同地区开展了测土配方施肥项目，目前已覆盖1200个县(市、区)，2007年，一共推广测土配方施肥面积6.4亿亩，并免费为1亿农户提供了测土配方施肥服务，减少不合理施肥达110多万吨(折纯量)，肥料利用率提高3%以上。同时于2007年在四川等12个省(自治区、直辖市)的24个县(市、区)开展了土壤有机质提升试点补贴，示范面积84.66万亩，直接受益农户24.17万户。项目实施后，提高了项目区的土壤肥力，优化了施肥结构[①]；其次，实行保护性耕作，提高土壤质量。目前，北方15个省(自治区、直辖市)已经建立国家级示范县173个，省级示范县328个，实施保护性耕作的总面积达到3062万亩，机械化秸秆还田面积达到3亿亩。保护性耕作示范区共减少二氧化碳等温室气体排放量达124万~259万吨；再次，加快推进农作物秸秆的综合利用。2007年，全国农作物秸秆用于畜牧饲料约2.2亿吨，占总量的三分之一，秸秆还肥还田既发展了养殖业，还可以促进种植业的增产增收，而且有助于减少秸秆焚烧所造成环境污染。

① 为广大农村实现全面小康提供良好的环境保障[N]. 光明日报，2009-03-15。

第六章
低碳经济视野下农地利用的发展趋势

第一节 理论分析

一、马克思主义的生态观

早在19世纪，马克思和恩格斯就已敲响过环境问题的警钟，在环境问题尚未充分显现，人们普遍对环境问题缺乏认识的时候，就极其敏锐地看到了资本主义的发展所带来的环境问题，指出了人类生产活动可能给自然界造成的不良影响，诸如空气污染、水污染、垃圾问题、住宅问题以及各工种工人劳动环境给健康带来的危害等。

环境问题的实质是人与自然的关系问题。马克思、恩格斯在《1844年经济学哲学手稿》、《关于费尔巴哈的提纲》、《资本论》、《德意志意识形态》、《反杜林论》以及《自然辩证法》等著作中，都对人与自然之间的关系进行了论述。在他们看来，自然进化与社会发展之间存在着内在统一性，说明了社会发展是一个"自然的历史的过程"，人与自然之间的实践关系实际上表现为人化自然的关系。正如A·施密特(1988)所说："把马克思的自然概念从一开始同其他种种自然观区别开来的东西，是马克思自然概念的社会—历史性质。马克思认为自然是'一切劳动资料和劳动对象的第一源泉'，就是说，他把自然看成从最初起就是和人的活动相关联的。"

从人化自然的角度出发，马克思和恩格斯科学地揭示了人与自然之间的辩证关系，一方面，马克思从生态环境对社会发展的制约性出发，阐述了作为人类社会自然基础的生态环境对人类社会发展的意义。另一方面，马克思阐述了生产劳动对自然的人化过程，以及在这一过程中所产生的不同环境成果对社会发展的意义。例如，马克思和恩格斯通过对工业化生产过程的分析，在充分肯定工业化生产方式对社会生产力的极大提高的基础上，也揭示了工业化生产对生态环境的破坏性，说明了对工业化生产方式改造的必要性。

从马克思学说的理论体系中不难看出，马克思和恩格斯认为自然、人和社会之间存在着相互依赖、相互制约、相互作用的辩证关系，是一个统一的有机整体。马克思依据唯物史观和人类文明的发展规律所设想的未来社会主义、共产主义文明社会，最根本的就是预言消除资本主义文明的人与自然和人与人之间双重不协调与不和谐，他用历史的逻辑预言并坚定地相信，在社会主义、共产主义文明全面发展框架中，人和整个社会及自然界是协调和谐的。

由此可见，马克思主义中蕴含的生态环境观强调了社会经济与生态环境协调发展的意义。因此，越来越多的人开始意识到，在环境理论的研究和建设中，也必须坚持以马克思主义作为指导。姚炎祥(1993)很早就指出，“马克思主义哲学是最革命最科学的世界观和方法论，运用唯物辩证法的基本原理，吸取人类文明的一切成果，开展马克思主义环境理论的研究，应该是我们义不容辞的任务。”因此，随着生态环境危机的日益严重，马克思主义中的“生态马克思主义”体系也不断发展。“生态马克思主义”的理论家们在分析生态危机、自然危机之时，将人与自然的关系问题提升到人与人关系的层面来分析研究。我们可以从这些“生态马克思主义”理论家那里得到启示，不是仅从技术等层面而是善于从制度和人际关系的层面去分析我们中国的生态环境问题，着眼于通过不断地改革我们的社会制度和人与人之间关系方面的一切不完善之处，来促进生态问题的解决。

二、生态文明的相关理论

(一)现代生态学理论

生态学(Ecology)一词由德国学者 E. H. Haeckel 于 1869 年提出，他认为生态学是研究生物有机体与其周围环境(包括生物环境和非生物环境)相互关系的科学。生态学发展到现在已有 100 多年的历史，“生态学是研究生物及其环境关系的科学”的论断，已得到最广泛的接受。

朴素的生态学思想古已有之，而生态学作为一门学科则是产生于 19 世纪，经历了 20 世纪上半叶的形成期和 20 世纪下半叶的飞速发展期，到目前为止，生态学已成为具有特定研究对象、研究方法和理论体系的独立学科，并已经普及到社会生活和科学技术的各个领域，形成了各门具体学科和领域的生态学理论体系。早期生态学主要是研究生物与其存在的环境之间的联系，随着生态学研究的深入，人们认识到还必须研究人与其存在的环境的关系，这种环境既包括非生物的环境，也包括了生物的环境，所以生态学就发展到研究人和生物与其环境的关系。之后，随着系统理论的深入发展和运用，生态学被认为应当是研究生态系统的结构和功能的科学。不同层次的自然系统有不同的生态学特征，遵循一定的生态学规律，生态系统划分为自然生态系统和人类生态系统，他们既遵循各自不同的规律，又遵循着某些共同的规律。此时，生态学便成了研究人和生物与其环境的相互关系，研究自然生态系统和人类生态系统的一门科学，涉及生态整体主义、生态法则、生态规律，生态系统结构与功能等诸多方面。

现今，人类社会的发展，全球气候变化和环境污染给生态学提出了新的要求。最近10多年来，科学家们已经将全球气候变化和生态系统的研究紧密联系起来。发展低碳经济，解决气候变化问题的过程中，遵循生态学的规律是十分重要的。正如美国著名现代生态学家巴里·康芒纳《封闭的循环》书中提出的生态系统四法则："每一种事物都与别的事物相关；一切事物都必然有其去向；自然界所懂得的就是最好的；没有免费的午餐"所描述的一样，在经济发展的过程中，忽视自然、忽视生态环境是行不通的，在追求经济效益的同时应该考虑生态效益和社会效益，应该将生态学的基本原理和方法纳入考虑，遵从生态平衡规律、物质不灭定律和协同演进规律等重要的生态学规律。

生态系统中的生态平衡是目前备受关注的理论和实践问题。生态平衡需要生物的自我控制、自我调节和自我发展，但是生物自我调节是有一定限度的，这种限度在生态学上称为阈值，超过这个阈值，自我调节便会失灵，生态平衡就会走向衰退甚至消亡。拿对气候调节具有重要作用的森林来说，当林地管理过程中采取的是合理强度择伐的经营措施，那么就能使森林生态系统凭借自身的调节能力保持在阈值范围内，处于相对稳定状态，保持生态平衡，从而使得森林生态系统能够充分发挥其生物功能。反之，如果采取大强度的砍伐或者皆伐，那么森林的自我调节功能就会失灵，导致其衰退成疏林地乃至沙漠。因此，人类的活动要使生态系统的自我调节保持在阈值之内，是取得经济、社会和生态三大效益和谐统一的重要前提。因此，新的农地利用模式应该遵循生态科学的规律，尊重其生态平衡。人类必须给生态系统休养生息的时间，例如封山育林，或者实行生态补偿。

除了单个生态系统的平衡称为生态平衡外，生态平衡还指许多生态系统处于平衡状态，甚至全球生态系统处于平衡状态。自然界本身就是一个有机联系的整体，其中的大系统与各个小系统之间存在着千丝万缕的联系，无法割裂，是一个相互依存的整体。以气候来说，全球气候状况是一个大系统，如果气候适宜，就对其中包括森林、农田等的小系统的生态平衡提供了良好的外部环境。目前各个小系统的温室气体排放导致全球气候变暖、温室效应加剧，导致全球气候生态大系统因为无法达到生态平衡的状态。这也意味着，大系统可以为各个小系统提供良好的外在环境，但是事物是相关的，各个小系统的生态平衡也同时会影响大系统的整体生态平衡。因此，在气候变暖的今天，为了更好地发展低碳经济，就必须对各个小系统的生态平衡做出努力。例如，森林的生态平衡、海洋的生态平衡、农田和乡村的生态平衡、城市的生态平衡，湿地的生态平衡等等。在农地利用上，努力增加森林、农田上的绿色植物以增加碳汇，转变利用方式减少温室气体的排放以减少碳源，将温室气体的吸收和排放经由其自身的生态调节功能控制在阈值范围内，就能对全球气候生态系统造成良性影响，而全球气候变的适宜，又会再次促进这些小系统的生态平衡，如此往复，便会形成良性循环。

（二）生态经济学理论

简单说来，当生态学的研究向社会经济领域拓展后，生态学和经济学这两门学科的交叉和融合就成为生态经济学的由来。20 世纪 20 年代中期，美国科学家麦肯首次将植物生态学与动物生态学的概念运用到对人类群落和社会的研究中，提出了经济生态学的名词。他主张要将生态学过程纳入经济分析的考量范围内，真正标志着社会经济问题和生态学研究相结合的应该是美国生物学家雷切尔·卡逊，她在 1962 年发表的《寂静的春天》一书中，首次真正结合经济社会问题开展生态学研究。几年后，美国经济学家肯尼斯·鲍尔丁在《一门科学——生态经济学》一书中正式提出“生态经济学”的概念及“太空船经济理论”等。此后，大量关于生态经济学的论著不断出现，生态经济学的研究进入了一个繁荣的时期。

早期的生态经济学认为生态危机的根源是人类中心主义，来自于人的自利行为，因此提醒人们不能只关注生产经济活动及其创造的财富，却忽视该过程所造成的生态环境破坏。通过论述单纯追求经济效益，特别是短期效益和个人效益的诸种行为的潜在危害，早期的生态经济学主张，为了达到人与自然的和谐共处，应该通过抑止经济增长来解决生态危机。但是，经验和事实告诉我们，这样的主张难以实现。这是因为在环境破坏严重的地区，有相当一部分情况是因为贫困的人们为了维持其温饱，而采取了掠夺性生产的方式，这是一种迫不得已的选择。因此，20 世纪 90 年代以来，生态经济学家的研究重点开始转向研究适度增长的经济增长模式研究，例如研究生态社区和循环经济的发展模式等。对于中国来说，在低碳经济时代，农地利用显然不可能采用早期生态经济学的主张，将生态问题的缓解建立在抑止经济增长的基础上。相反的，将来的农地利用应该是在实现经济效益的同时，兼顾生态效益和社会效益。这与现今的生态经济学的倡导理论是一致的。

将生态经济学的理论应用于农业产业，就产生了生态农业。“生态农业”这个名词最早是由美国土壤学家威廉姆奥博特在1971年提出的。之后，国内外学术界都对生态农业进行了研究。各个学者对生态农业所下的定义虽然有所不同，但大多都认为在农业发展过程中，应该坚持生态学和生态经济学的理论原理。在追求农业产业的经济效益的同时，要注重利用生态学的原理，不能单纯着眼于经济效益而忽视其他。同时，学者们也在探索如何将生态学的相关理念和相关原理有机地融合到农业产业的经济效益追求中。对于农业发展来说，首先应该从观念上认识到生态之于农业的重要性，认识到单纯的经济效益追求往往是短期行为是不可持续的，认识到应该将生态和经济有机地结合在一起。此外，实践过程中，如何在追求经济效益的同时，完成对生态环境的保护，完成农业的现代化、产业化和生态化并存也是一直备受关注的。我国许多地区在这个方面都做了大量的努力，经过多年的实践，在农地的利用中加入了对生态环境的考虑，发展出生态农业、绿色农业、有机农业和循环农业等种种农业方式。低碳经济对农的利用的新要求与生态经济学中所倡导的“社会—经济—生态”的复合农业生态系统的效益协调统一要求是一致的，如何选择合适的农地利用方式以达到这个要求是一个挑战。

（三）可持续发展理论

随着经济的发展，人类社会对环境的冲击力大大增强，全球范围的环境污染和破坏日益严重，可以说，现代可持续发展理论是人类以人口爆炸、资源短缺、生态破坏和环境污染等沉重的代价换来的认识。作为一种新发展观，可持续发展已经得到国际社会的关注和认同，并在世界许多国家已经付诸实践。1972年联合国“人类环境会议”就明确提出要实施环境可持续发展战略，同年，罗马俱乐部发表了《增长的极限》的报告，最早提出了可持续发展的问题；1980年国际自然资源保护联合会等国际组织发表的《世界自然保护大纲》是“可持续发展”一词最早出现的国际文件；1987年世界环境与发展委员会（WCED）发表的《我们的未来》首次系统地阐述了可持续发展的概念和内涵，认为可持续发展就是“既满足当代人的需要，又不对后代人满足其需要的能力构成危害的发展”，明确指出，过去我们关心的是发展对环境产生的影响，而现在则迫切感到生态的压力，经济发展和生态环境从未像现在这样相互紧密地联系在一起；1989年，第15届联合国环境规划署理事会通过了《关于可持续发展的声明》；更重要的是1992年6月在巴西里约热内卢召开的联合国环境与发展大会，该次会议通过了《里约热内卢环境与发展宣言》，这是一个有关环境与发展方面国家和国际行动的指导性文件，由此，可持续发展由观念走向各国政府的共识从而迈向共同行动。另外，在那次会议上，还通过了《21 世纪议程》和《关于森林问题的原则声明》，认为持续管理森林对于经济、生态、社会和文化等诸多方面都是重要的。另外，会议还签署了旨在防止气候变暖的《气候变化框架公约》。

在可持续发展理念发展的过程中，国内外学者们对可持续发展的定义进行了不同的界定，并对其内涵进行了研究。在可持续发展理论研究的主要内容方面，学者们主要从可持续发展模式与评价指标体系、环境与可持续发展、经济与可持续发展、社会与可持续发展以及区域的可持续发展等方面进行了相关的研究。无论是从自然角度、社会角度、经济角度抑或是科技角度，人们对可持续发展的一般原则的认识都是基本一致的，例如公平性原则，包括代际公平和代内公平、持续性原则等等。

在全世界范围内实现公平是个很难的过程。这是因为对于可持续发展的实现，不同国家的态度是不同的。发达国家认为当今世界面临着许多问题，认为发展中国家应该控制人口增长，减少并停止对资源的不可持续开发以及对环境的负外部性利用等。而发展中国家则认为，可持续发展的真正重点在于发展，当面对贫困、饥饿等难题时，上述的问题根本无法列入考虑范围。而且正是这些贫困和饥饿等现实难题，会更多的造成资源滥用和环境破坏。

对于发展中国家来说，要实现可持续发展，首先应该立足经济，消除贫困，否则可持续发展无从谈起。从世界公平的角度出发，发达国家凭借其自工业革命以来在全球掠夺资源得到了经济发展和现今高品质的生活，同时也造成了巨大的环境破坏，而今却以人类发展必须可持续来要求发展中国家放弃发展，不要走他们的老路，这是不公平的。当然，从目前的情况来看，资源和环境日渐成为经济社会发展的两个瓶颈，因此，我国作为发展中国家，的确不能重新走那些高消耗的发展老路。这就要求我们利用后发优势，改变生产方式和技术水平，探索新的经济发展模式，实现全面协调可持续发展。

(四)生态文明理论

在生态经济学、可持续发展理论之后，学者们提出了生态文明的思想，之后，党的十七大报告中正式提出要建设生态文明，说明我国对生态文明的重视。生态文明观是新的世界观和方法论，是马克思主义辩证唯物主义和历史唯物主义在 21 世纪的新体现、新发展。

低碳经济的发展与生态文明观所倡导的发展目标是一致，那就是经济发展需要实现三个“三大”：满足三大需求(物质、精神、生态)、取得三大效益(社会、经济、生态)、实现三大和谐(生态、人态、心态)。在这样的过程中，发展生态生产力和生态化技术体系是十分重要的，它们是实现低碳经济的重要途径和基本保障。

首先是发展生态生产力。正如工业文明向生态文明转变一样，实现和发展低碳经济最根本的是人类生产方式和生活方式的转变，其中生产方式转变的主要决定因素就是生产力形态的转变，即发展生态生产力。从这个角度出发，发展低碳经济应该逐步改变工业文明的生产生活方式，实现更高层次的经济形态如创新经济、体验经济、绿色经济、生态经济、循环经济、低碳经济等，改造提升传统经济。

其次，要注重开发生态化技术体系，这是实现低碳经济的基本保障。生态化技术体系是指，把社会生产力发展和人类经济活动纳入复合生态系统中，遵循生态系统运行的客观规律和基本法则，融现代生态学原理与技术、各行各业的科学技术与知识以及信息化技术于一体的技术体系。生态化技术体系包括三个层次，其一是覆盖各行各业的横向技术；其二是不同领域、行业和专业的专门科学技术与知识；最后是绿色管理理念和技术。

三、土地生态服务功能理论

生态系统的服务功能是近年来在生态学研究领域才兴起和发展的一种理论。1997 年，Daily 等人提出了生态系统服务功能的概念，1999 年，我国学者董全将其定义为“自然生态过程产生和维持的环境资源方面的条件和服务”。Costanza 等人更进一步地将其分为大气调节、气候调节、水供给、侵蚀控制与沉积物保持、土壤发育、废物处理、娱乐文化价值、生态旅游等多种类型。

我国生态服务研究大部分是针对包括土地在内的自然生态系统，其中，土地利用中所产生的生态服务功能及其产生的价值已经得到越来越多关注，学者们对生态服务功能的价值等进行了相应的研究。欧阳志云等人(1999)从生态系统服务出发对中国陆地生态系统服务进行过评价，初步分析了其生态系统的经济价值；蒋延玲等人(1999)根据 Costanza 所提出的方法估算了我国主要森林类型的生态服务价值；谢高地等(2002)对青藏高原的生态资产价值进行了评估；孙新章等(2007)则评估了农田生态系统的服务功能。

四、脱钩理论

“脱钩”(Decoupling)一词一般在物理学领域中使用，被中国物理学家翻译为“解耦”，之后被引入到经济方面。国际上通常是用该指标来反映物质消耗与经济增长之间的不同步变化。近年来，经济合作与发展组织（OECD）开始将这个概念引入到农业政策研究，并逐步拓展到生态和环境等领域。脱钩理论与模型常常被用于揭示经济增长对环境的压力。有学者利用脱钩理论指出，从长期来看，一个国家走向低碳经济的过程就是温室气体排放和经济增长逐渐脱钩的过程（庄贵阳，2007）。这种CO_2的排放增长率与 GDP 增长率呈现不平行的经济体系脱钩现象分为两种情况，一种是相对脱钩，即CO_2的排放增长率低于经济增长率，可以被认为是相对的低碳经济发展；另一种则是绝对脱钩，即CO_2的排放量在经济稳定增长的同时呈现下降的趋势，可以被认为是绝对的低碳经济发展。

Tapio（2005）将其进一步发展，利用脱钩弹性（decoupling elasticity）的概念，将脱钩指标再细分为连接（coupled）、脱钩或负（negatively）脱钩三种状态，再依据不同弹性值，再进一步细分为弱（weak）脱钩、强（strong）脱钩、弱负脱钩、强负脱钩、扩张负（expansion negative）脱钩、扩张连接、衰退（recession）脱钩与衰退连接等八大类。发达国家的发展实践表明，实现温室气体排放与经济增长的强脱钩是完全可能的，但是，从发展中国家的情况来看，虽然在某些时段出现过弱脱钩特征，但非常不稳定。对于中国这个发展中国家来说，实现绝对的低碳经济发展是一个长期复杂的系统过程，因此，立足现实，采取切实可行的措施和技术，发展低碳经济，做到相对的脱钩才具有一定的可行性。

五、环境库兹涅茨曲线假说（EKC 假说）

环境库兹涅茨曲线假说是用来衡量环境保护与经济发展之间是否存在一种权衡取舍关系的重要工具。库兹涅茨（Kuznet S，1955）在 20 世纪 50 年代提出的假说认为，在经济发展过程中，存在收入差距先扩大再缩小的趋势，这种收入不平均和人均收入之间的倒 U 形关系，被称为库兹涅茨曲线。环境经济学家通过研究表明，经济发展到一定阶段，经济政治对环境质量改善有促进作用，据此提出了环境库兹涅茨曲线假说，许多学者通过实证研究证明或者驳斥了这种理论假说。

关于经济增长对环境的影响，1991 年，Grossman and Krueger 率先对环境库兹涅兹曲线进行了实证研究，随后不同的学者在该领域开展了不同的实证研究。顾春林（2002）对于我国东部地区二氧化硫排放量与人均 GDP 收入的关系进行了实证研究，指出两者之间的确存在倒 U 形关系，不过中西部地区的倒 U 形关系却不明显。他认为这可能与我国东部地区和中西部地区的经济发展所处阶段不同有关。世界银行的 Munasinghe 等（1995）对环境库兹尼茨曲线的具体分类做了研究，提出了人类发展可以有三种不同的环境库兹尼茨曲线：不考虑环境破坏的环境库兹尼茨曲线，结果环境退化很可能超出生态不可逆的阀值；部分考虑环境成本的环境库兹尼茨曲线，使环境退化的峰值降低；大部分消除环境成本的环境库兹尼茨曲线，经济发展对环境的破坏降低到最低程度。当然，也有一些学者持相反意见，认为环境库兹涅茨曲线理论假说成立的证据不足。

温室气体排放与经济增长关系的实证研究中大多数的结论都是支持环境库兹涅茨曲线假说，但也会因为所研究的对象，如不同的国家或地区，不同的温室气体类别以及不同的时间段而产生例外情况。庄贵阳(2007)通过研究指出，人均 GHG 排放和人均 GDP 在横截面数据上的拟合效果出现了近似倒“U”型曲线的趋势。

六、生态足迹理论

生态足迹(ecological footprint，简称 EF)，最早是由加拿大生态经济学家 Rees 于 1992 年提出，而后他的博士生 Wackernagel 于 1996 年对其加以完善。生态足迹被认为是一种衡量人类对自然资源利用程度以及自然界为人类提供的服务的方法，该方法通过估算维持人类的自然资源消费量以及同化人类产生的废弃物所需要的生态生产性面积的大小，并将其与所给定的人口区域的生态承载力进行比较，以衡量区域的可持续发展状况(李宏，2006)。生态足迹研究方法自从提出以来，得到世界各国许多学者的广泛关注。国内外学者利用生态足迹模型在不同的地域空间和社会领域进行了相应的应用和实践，该理论的理论方法和计算模型也在不断地研究中逐渐发展和完善。国内外学者主要从生态足迹的起源、生态足迹理论方法、研究方法、研究的时间尺度、研究的区域范围、研究的领域等诸多方面进行了论述和研究，研究成果十分丰富。

在环境方面，生态足迹常常用于研究环境污染和外部性问题。其中，在温室气体和气候方面，Templet P H(2000)认为在生态空间上，发展中国家和发达国家是不同的。发达国家缺少发展的生态空间，他们通过贸易等形式将生产过程中产生的过多负面后果输出到具有发展的生态空间的发展中国家和地区以实现外部化，引起全球气候变化等影响整个人类的后果。Bastianoni 等人(2004)也利用生态足迹方法讨论了温室气体排放责任问题。

学者们应用生态足迹对中国的问题进行了相应的研究。在中国生态赤字的计算方面，世界自然基金会《2006 年地球生态报告》指出，2003 年全球人均生态足迹为 2.23 公顷，人均生态容量为 1.78 公顷，人均生态赤字为 0.45 公顷。中国人均生态足迹为 1.6 公顷，低于世界平均水平，而且由于人口数量巨大，人均生态容量仅为 0.8 公顷，因此，人均生态赤字达到 0.8 公顷，是全球平均水平的近两倍。据我国有关专家学者的测算，我国人均生态足迹从 1961 年的 0.76 公顷逐渐提高到2003年的1.55公顷，生态承载力和生态盈余则从1.43公顷和0.68公顷下降到0.73公顷和-0.82公顷。1978年生态赤字为0.1公顷以下，标志着我国开始进入生态赤字阶段，并呈现出逐渐增加的态势，到2003年猛增到0.8公顷以上。有专家测算，“十五”期间，我国平均生态赤字约达1万亿元，总额为5万亿元以上（贾治邦，2009）。在农地利用方面，李宏（2006）利用生态足迹对退耕还林还草政策的影响进行了研究，认为林地足迹、耕地足迹和牧草地足迹受这个政策的影响比较大。他经过分析，认为退耕还林（草）对于植被恢复具有重要作用。退耕还林政策通过调整土地利用方式，使得林地、耕地和牧草地发挥其最优的功能，从而充分发挥生态系统潜力，获得系统最大产出，最终降低生态足迹，减少生态赤字。他认为，虽然1999~2010年有3200万公顷的土地还林还草，但生态赤字还是相对稳定，而2010年以后生态赤字直线下降，就是由于在退耕还林和天然林保护工程影响下，林地和草场产量快速提高的原因。因此，继续采取人工措施种植林草对于生态赤字的下降是很重要的。同时，由于新种植的树木和未成年林固定CO_2的能力比成年林地来得强，成年林地只能发挥作用几十年，然后达到碳的吸收和排放平衡，而后不再具有固定CO_2的能力。因此，进行森林的新老更替，维持其新陈代谢，有助于保持大气的平衡。

综上所述，环境与经济之间应该是彼此依存，无法割裂的关系。然而在现实中，由于单纯追逐经济效益，常常造成两者之间产生严重的矛盾。对于我国这样一个发展中国家来说，发展低碳经济，实现温室气体的控制既有必要性也有可行性。发展低碳经济的目标从根本上就是追求经济发展与环境保护的协调发展，努力实现“低碳”与“经济”并存，在实现经济效益的前提和基础之上，做到兼顾生态效益和社会效益。

第二节　低碳经济视野下农地利用变化的影响因素

一、气　候

据《科学》杂志中的报道所称，本世纪长期天气预报显示气候会不断变暖，这一趋势很可能会给全球农业造成重大破坏。世界银行在近期发布的《2010年世界发展报告：发展与气候变化》中指出，发展中国家在面对气候变化带来的威胁时更为脆弱，将承受着气候变化潜在影响的75%~80%。其原因很大程度上是由于发展中国家对农业的依赖性强，环境恶化使自然资源的压力不断增大，并增大了农业管理的复杂性。的确，气候变化对农业有着明显的影响，这种影响有好有坏。

气候变暖对农业的正面影响包括扩大生物生长区域，延长生物生育期，提高复种指数等。造成气候变暖的温室气体的增加也有其有利之处，例如，大气中二氧化碳浓度增加将提高作物的光合作用，提高水分的利用率；二氧化碳浓度升高会增加二氧化碳肥料，从而提高植物生长量；二氧化碳资源还可深加工利用。所以，根据农业的特性，针对气候变暖的发展趋势，应提出相应的育种目标。据估计，未来10～20年预计有效积温将增加300～5000℃。目前的作物育种周期也是近10年。因此，目前着手培育适应“变暖”的新品种并不算超前①。

更多的关注在于气候变化对农业生产所造成的威胁。首先，气候变化会造成水资源的变化从而影响农业。2008年国务院发表的《中国应对气候变化的政策与行动》白皮书中指出，气候变化已经引起了中国水资源分布的变化，气候变暖可能减少水分，从而减少灌溉面积，将增加中国北方地区干旱化趋势。干旱一直是中国农业的风险之一，目前中国每年农作物受旱面积在0.27亿公顷左右，成灾面积0.12亿公顷，因干旱损失粮食约300亿千克，经济损失超过1000亿元①。在气候变暖的情况下，这种灾害程度会以连锁形式反映出来：气候变暖造成干旱增加，土壤的受旱会限制生物量的积累和分解，为了缓解这个局面，需要更多的化肥来满足作物的需要，不仅如此，干旱的加剧对植被的减少，耕地的沙化和被风蚀程度都会有增强效应，由此在遭到暴风袭击时，某些地区将产生“风暴效应”，而一旦受到暴雨冲刷后，又会造成严重的水蚀。这种种后果都会最终导致经济损失增加，对农业和国民经济的发展都有妨碍。其次，气候变暖还会加重病虫害风险。气候变暖导致田间害虫繁殖能力增强，活动范围扩大破坏性增大，从而需要更多的农药和除草剂。另外，由于低温往往可以限制某些病虫害的分布范围，因此，气候变暖会使农业病虫害的分布区发生变化。当气温升高后，这些病虫害的分布区可能扩大，从而影响农作物生长。同时温室效应还使一些病虫害的生长季节延长，使害虫的繁殖代数增加，一年中危害时间延长，作物受害可能加重。再次，气候变暖会增加肥料的使用量。肥效对环境温度的变化十分敏感，尤其是氮肥，温度增高1℃，能被植物直接吸收利用的速效氮释放量将增加约4%，释放期将缩短3.6天。因此，要想保持原有肥效，每次的施肥量将增加4%左右。而氮肥恰恰是造成温室气体排放增加的主要化肥。最后，气候变暖会使水

① 中国气象报社．现代农业生产可巧妙利用气候变暖因素[EB/OL]．http：//www.cma.gov.cn/qh-bh/newsbobao/200911/t20091103_ 49344.html。

稻、小牧和玉米等农作物的生育期缩短，造成产量下降，还会对作物的地理分布产生影响等。

二、人 口

人口对农地利用变化的影响通过人口数量和人口质量两个方面实施。首先，人口数量造成的压力造成耕地数量的变化。当某个人口密度迅速增长，超过该地区环境承受能力的时候，人地矛盾会恶化。为了解决这个矛盾，满足人们的基本生产需要，人们只好以开垦新的农地这种最简单的方式进行农业生产规模的扩大，当适合耕作的土地开垦完毕后，就不得不进行毁林开荒，或者将湿地改为耕地种植粮食，不断地扩大垦殖范围以满足人们的需求。以长江上游为例，1999年与1949年相比，人口整整增加了1.19倍，年增长16.8‰。1995年全国每平方公里人口密度为126人，长江上游除川西、藏青边境外，大部分地区都超过这一密度，远远超过其环境承受能力。人口的压力迫使人们长期以来不断扩大山坡垦殖，垦殖率达40%~50%，而过度垦殖、陡坡开垦是造成水土流失，土地退化及气候异常等生态环境退化的主要因素(田水松，2004)。从我国情况来看，近几年人口数量仍然处于上升的阶段，这就意味着需要更多的用于种植粮食或发展畜牧业的土地，有可能造成农地利用方式之间的竞争，例如更多的林地或者森林转变为耕地或牧地等。另外，除了人口的增长外，人们生活水平的提高也会更多地需要农地提供更多的粮食、蔬菜和水果等农产品。

其次，人口素质对于农地利用也存在重要影响。在农业生产观念落后和农业技术有限的情况下，为了获得更多的农产品，农民可能对农地资源进行掠夺性开发，造成农地质量的下降，农地质量的下降又反过来再次影响农户的行为，让他们为了保证土地产出的稳定而更大量地施用化肥和农药。加上农民文化程度不高会影响他们对新知识、新技术和各种新观念和信息的接受能力，造成他们常常没有完全掌握化肥的使用技术，造成化肥利用率低，从而形成恶性循环。

三、社会经济发展水平

社会经济发展水平对农地的数量和质量方面都会产生影响。首先是数量方面。有研究指出，耕地数量的变化往往与地区的经济发展相关。例如，对广东省17个城市绝大部分城市耕地转化幅度与经济增长幅度之间的关系的研究，得出的结论是两者之间呈正相关，相关系数为0.71，即追求经济上的高速增长是广东省耕地大幅减少的主要驱动因素之一(邓清禄、黄纪辛、朱照宇，2002)。

其次，社会经济发展水平的不同对农地的质量会造成一定的影响。贫困是一个重要影响因素。在贫困程度深，交通闭塞，经济落后的地方，生产力水平往往低下，而且技术水平和技术条件落后，农民的文化素质不高，农业机械化程度低，因此在农地利用中更多的是采用传统技术和经营方式，单纯依靠人口数量和体力投入，不断地追求耕地面积的扩大。这样，很容易造成掠夺式开发和粗放经营。另外，某地区经济发展水平高低还体现在农户的兼业和劳动力农外转移上，这也会对农地利用产生一定的影响。中国农村的经济结构自从20世纪80年代以来发生了显著的变化，特别是非农产业的发展以及农民家庭劳动力的就业结构发生了很大的变化。非农收入的增加，意味着农业在收入中比例的相对减少，农业对于农户家庭作用的减小。在非农收入比例增加的情况下，一个直接的影响就是，从事农业的积极性的降低，因为如果从事农业的经济效益不足以弥补放弃非农工作的收益时，农民的劳动力机会成本高，农户会选择放弃农业。此外，如果从事非农产业的劳动力多，那么从事农业的劳动力可能不足，对于农地利用来说，很容易造成粗放经营，利用化肥、农药等的多投入来取得产量。这就意味着，大多数情况下，农户的兼业和劳动力农外转移会引起该地区人力和物力的转移，减少了在农业上所花的时间，减弱农地的管理。由于人力、物力和时间的减少，导致耕作程序的粗放化，例如粗放的施肥方法会造成大量的化肥未被作物利用便流失掉。

四、制　度

在制度经济学里，制度被定义为决定人们的相互关系而设定的一系列社会游戏规则，人们的经济活动就是在正式或非正式制度约束下进行的效用最大化行为。新制度经济学家在赞同技术对经济发展的巨大影响力的同时，更强调制度的决定性作用。因此，在面对目前农村土地使用中出现的经营分散、耕地流失、撂荒浪费、掠夺性经营，以及由此造成农业生态环境的极度破坏等与社会最佳不相符合的现象时，不能简单地用农民的行为缺乏理性的责难来概括和解释。要真正改变这种现象，必须从改变限制农民选择范围的外部条件入手（林毅夫，1994），即从制度方面进行分析。

学者们常常用产权观点来看待中国的农业发展。我国当前农业生态环境的破坏，其主要原因之一就是农地产权不清晰导致的农地资源未能得到合理、有效的可持续利用。一种产权制度如果不能给人以一个明确预期，势必会影响人的投入行为。对丁农民的投入行为，一种较为普遍的观点是，由于现行制度没有提供对农地产权的有效保障，那么对于农户来说，其理性选择将是放弃投入，或者忽视或者不愿意进行长期投入，由此导致农户在农地利用问题上趋于短视，缺乏对长期效益的考虑。短期行为的后果就是对农地数量和质量产生了负面影响。由于自然资源管理投资的长期性要求保障可靠的、长期的资源所有权，因此，如果农民对能否保留所有权和取得最终收益持有疑虑，他们就不愿意采取可持续性的经营方式。我国现行农地制度，例如农地所有权界定不清、土地承包经营权缺乏稳定性以及农地流转制度不甚规范等，就会对农户行为产生影响，这些制度上的缺陷同样也会导致农户在耕地利用过程中出现经营行为的短期化，在农地利用过程中采取掠夺式经营的方式以将后期收益尽可能快地变成当期收益，同时将当期成本延至后期让其他人去承担，产生了生态环境恶化等外部成本。相反的例子来自尼日尔。20 世纪 70 年代到 80 年代，尼日尔撒赫勒地区发生了严重的旱灾，人口的强劲增长又进一步地恶化了局势，土壤严重退化、树木和家禽减少，人民生计困难。生态和经济的双重危机激发了政府和专家积极寻求解决办法，出台相应政策，一段时间后，结果令人振奋，自 1975 年起，抽样调查显示，树木和灌木的密度增加了 10~20 倍，在没有采用昂贵的大规模植树方法的情况下，森林覆被增加了 500 万~600 万公顷。其中的奥秘就在于林木国家所有权向个人所有权的实质性转变，农民不再砍伐自己田里原属于国家的林木，而是将其当做有价值的资产。由此，村民的生活改善了，土壤肥力提高了，而且这些树木提供的树叶饲料还增加了山羊和绵羊的数量（世界银行，2009）。

农地利用本身具有外部性，而且是正外部性和负外部性并存。应该说农业的外部性较强，而且外部性会反过来影响农业的生产。农业是一种与外界生态环境进行广泛而直接交换的生产活动，它依赖于大自然。与此同时，农业生产活动的进行也会影响或改变周遭的自然环境。首先，从负外部性来看。不顾长期效益的掠夺式经营，例如在实际的农地利用过程中，过度使用农药和化肥，以提高短期产出，却损害了土地的长期生产力。与此相反，肥料使用中有机肥的比重却不断下降，导致土地肥力的严重下降；导致某些不可再生的资源枯竭或恶化；盲目地扩大再生产，大量使用化肥和农药，灌溉和新耕地的开垦。会导致水和空气的污染，土壤质量衰退、植被的破坏、水土流失等，从而造成生态平衡失调，这时的外部性就表现为私人生产活动，增加社会成本。如果这样恶性循环，农业生产和周围生态会同时走向衰亡。但如果通过一些行为有效的办法，也许情况可以转向相反的方向，生产者每种积极改善和优化环境的努力会降低社会成本，从而降低私人成本，带来正收益。这些方法的使用可以是私人市场或国家出面，或是集体行动，这取决于外部性的程度和费用的高低。

正外部性问题也为人所关注。良好的、低碳的农地利用方式所产生的正外部性无法实现外部收益内在化也会导致农户对该农地利用行为采用与否产生犹豫。

以有机农业为例，有机农业所采取的农地利用方式就是低碳的，虽然有机农业尚未有统一的明确的定义，但为人广知的就是有机农业是一种不依赖化肥和农药等化学肥料的耕作方式，这种生产方式对空气、土壤和水的污染很小。然而，在现实中，有机农产品的发展仍然面临着许多障碍，这是因为有机农产品的质量比普通农产品好，但是在外观上很难将其区分，有机农产品种植过程中对生态环境所造成的正外部性更是无法在产品中显现出来。虽然其标注为有机产品，然而由于信息不对称和相关认证制度公信力不足等因素的存在，消费者对于有机农产品的偏好全被削弱，从而影响了有机农产品的销售及生产。信息不对称是指市场上买卖双方对产品的了解或信息的获得处于不对称的情况。作为一种经验型商品，农产品在市场上买卖时，卖方拥有农产品的完全信息，而买方处于信息较少的一方，在没有其他方法能确定农产品的内在质量时，买方只能依靠外观和价格来进行决策。这样，低碳量的商品往往伴随着优质商品一起销售，消费者会进行逆向选择，甚至出现劣币驱逐良币的效果。当对有机产品进行机关认证后，上述情况会出现一定的缓解，买主可以根据认证制度给出信息来协助自己区分普通农产品和有机农产品。然而，应该指出的是，认证制度的公信力不足和道德风险问题仍然存在。例如有机农业认证过程中生产者甲在获得认证后，在生产过程中使用某种禁止的要素而不被发现的话，甲便会获得更高的产量，且以有机农产品出售，获得较高价格。然而，消费者却由于其无法观察到甲的行为导致利益受损。可以看出，信息不对称是在现存的制度框架下个人追求利益最大化的结果。为了能让利用的行为主体将其“低碳”利用的外部效益内部化，同时避免其追求私人利益时由于信息不对称而损害社会集体利益，需要设计适当的制度。

农地利用若走向低碳化，其过程势必具有强烈的大范围的正外部性，这需要国家或政府的参与。相对于市场这只“看不见的手”而言，国家和政府这只“看不见的手”在社会必要服务的提供上具有重要的作用。学术界对于政府政策干预的争论持久不休，诺贝尔奖获得者刘易斯教授曾指出关于政府经济职能的一个悖论：“如果没有一个明智的政府的积极促进，任何国家都不可能有经济进步，……另一方面，也有许多政府给经济生活带来灾难的例子……。”也就是说，“政府的失败既可能是由于它们做得太少，也可能是由于它们做的太多。”。但基本上说，公共品领域是公认的适合国家干预的。因为在农业中，大范围的水利设施等公共品，农业科学技术研究和正外部性都是这样的国家干预的领域（蔡昉，2007）。不难看出，农业的低碳利用具有或多或少上述这些领域的特征。因此，从宏观上看，它需要国家战略政策层面的引导，从微观上看，它需要国家政策的直接干预的推动。

五、政　策

在不同的制度下，政府通过选择和制定一系列具体政策来管理经济活动和资源环境之间的协调。政府制定政策的主要原因来自于“市场失灵”的存在。经济学一般认为市场对于资源的有效配置起到主导作用，但是在许多情况下，市场对资源的配置效率却消失了。在环境问题上，“市场失灵”的现象是非常普遍的，农地利用过程中所产生的一系列环境问题常常也是如此。例如，大量的“环境资本”定价过低、未定价导致无偿使用，市场无法正确地估量包括外部环境成本在内的全部环境收益和成本。以森林为例，木材以及林产品受到市场经济规律配置，那这只是森林的部分服务功能和价值，包括保护流域内水土，隔断有害气体，提供生物多样性等都是难以定价甚至无法定价的。事实上，那些以农地这种自然资源为谋生工具的人，实际上十分了解他们所依赖的这些资源。如果给他们一定的权利和机会，他们完全知道应该如何合理利用农地，甚至达到资源配置的最优化。但是，贫困和市场所产生的经济利益的冲击可能会使得他们继续采用破坏生态环境的农地利用方式。此时，当市场在资源配置中所发挥的作用无法达到所预定的目标时，政府应该考虑如何进行政策调节以加强市场在资源配置上的效率和分配上的公平。

在发展中国家，环境退化的福利效应可能是最差的，而经济效率的紧急性却是最迫切的。作为发展中国家，我国考虑的是如何制定和发展既能带来经济增长又能处理环境矛盾的政策，这种政策工具的选择、设计和实施就更为复杂，但也更为重要。政策制定的复杂性是因为，生态环境遭到威胁并不仅仅是因为市场失灵。制度和政策同样是不完美的。政府作为最重要的制度之一，同样也是由一系列具有不同动机和利益刺激的部门组成。一些错误政策的实施往往是自然资源和环境(当然包括农地)遭到破坏和不可持续利用的始作俑者。中国有过这样的例子。中国的农地相关政策很多，但是其中有些是被证明是无效甚至是有害的。例如早期中国的“以粮为纲”政策，它对环境造成的影响至今尚未消除。作为计划经济时代农业方面的标志性口号，号召全国上下倾全力抓粮食生产，不惜毁林开荒，填海造田，将林地和湿地一股脑转化为耕地，造成土地沙漠化、青山变秃山，河流干涸，森林植被大幅减少等不良后果。之后，在十一届三中全会实事求是的指导思想下，“以粮为纲”逐渐退出历史舞台。然而，它对环境所造成的破坏和负面影响之深，让人难以忘记。这充分说明了一项政策所可能造成的深远影响。

此外，低碳经济时代，对温室气体排放的关注和对碳的关注可能会催生一些新的政策，例如碳税政策。在国内资源环境压力与经济发展之间的矛盾，调节经济增长方式的思考、国际气候谈判以及国际低碳经济发展等综合因素作用下，作为减排温室气体主要政策手段的碳税又一次成为焦点。在发达国家集团内部，对于减排责任的分配意见不一，相对来说，欧盟是减排的拥护者，美国和澳洲相对保守，因此碳税更多地在欧洲国家实行，如果美澳转变其立场，开征碳税，对于国际碳资源能源的市场价格以及可再生能源的发展都会造成冲击，例如造成资源能源矿产行业的生产成本提高，利润空间下降，而这对于以可再生能源为代表的新兴产业而言却是一个相当好的消息和机遇，势必会刺激可再生能源的消费规模，扩大其市场需求，增加太阳能、生物质能等可再生能源产业的市场信心。因此，碳税等政策的出台会对推动经济体的低碳转型。对于中国而言，有学者们指出，在中国现有的状况下，征收碳税是不现实的。但这并不意味着碳税政策或者相似政策没有出台的可能性。由于农业、林业等产业在碳吸收方面具有重要作用。碳税收入可以用于支持植树造林等增汇工程项目。因此，对于农地利用来说，如果碳税等相关政策出台，将其收入投向相关增汇项目，对于农地利用向低碳方向转变会具有一定的推动作用。

六、科　技

科技在农业发展过程中具有重要的促进作用。邓小平关于尊重知识、尊重人才的重要思想，以及党中央制定的科教兴国的战略都说明经济发展的关键就是充分重视现代科技的发展对经济法制的决定性作用。近些年来，我国的中央“一号文件”都将农业科技创新和发展放在社会主义新农村建设的重要位置，指出要发挥农业科技的第一推动力作用。2010 年的中央“一号文件”再次提出要提高农业科技创新和推广能力。

技术创新的目的是为了提高农业生产效率，更准确地说，是在环境容量范围内尽可能提高农业生产的经济效益。总体上看，技术的形成虽然很多，但大致可归纳为两个方面，一类是技术创新活动是沿着机械技术的方向进行的，例如与农业机械化相关的工具的发明等；另一种则是沿着生物技术的方向进行，如新品种的培育，新型肥料的发明及其使用方法的改进等(蔡昉，2007)。大体上来说，前者说可以节约劳动力，后者可以节约土地，因此，这两种不同的技术创新方面，对于不同的国家具有不同的效果和意义。日本选择了以生物进步为主的农业技术道路，而美国选择的是一条以机械技术为主的农业现代化道路，这是因为农业生产对于技术的需求，取决于特定经济中生产要素的相对稀缺性，即速水诺次郎和拉坦提出的“诱致性技术”变迁理论所探讨和揭示的那样。

技术的变革和发展往往会推动新一轮的经济发展，会对各个产业的发展产生影响。然而，对于技术进步与生态环境之间的关系，西方绿色思潮认为，人类中心主义价值观和以其为基础的科学技术是现今生态危机产生的原因所在。但生态学马克思主义理论家则持不同观点，认为这与技术运用的方向以及运用的价值观有关。本书认为，将科技发展放在生态的对立面是不正确的，科技是一把双刃剑，重要的是在实践过程中如何将科技的发展和使用同经济发展以及生态保护和谐地统一在一起。

农地利用实现"低碳"且"经济"的过程中，科技也将发挥其重要的作用，农地利用的"低碳"转变与相应技术的发展和使用密切相关。目前，人们开始关注与气候变化相关的农地利用技术。首先，最常见且最为人所知的是林业方面的技术。英国皇家学会评出 9 项较有潜力的地球工程学技术，其中之一就是"造林法"，即通过加大种植树木和减少砍伐的力度。例如，把全球每年的毁林面积减少一半，就相当于每年减排二氧化碳 24 亿吨；而森林经营、造林和森林更新则可以在较短的时期内大量增加生物固碳量及森林土壤的固碳量。其次是森林碳汇技术，与其他技术相比，它具有潜力大、易操作、见效快、成本低以及对经济增长影响小等多种优势。例如，虽然造林/再造林(CDM)程序较为复杂，但在森林碳汇政策支持和市场机制作用的双重作用下，只需要对 CDM 进行业务培训与技术推广，碳汇林的经营和管理技术便可以推广开来，并在较短的时期内见到效果①。最后还有其他农业"低碳"技术，如低排放的高产水稻品质选育技术、科学灌溉技术、微生物技术、环保型肥料技术、秸秆还田等保护性耕作技术和秸秆处理户用沼气技术等。这些低碳技术如果能够发展并得到广泛应用，势必会对农地利用趋势产生影响。

以低碳技术的具体形式来看，大多数属于生物技术方面的技术创新，这对于人均耕地并不富裕的中国来说，无疑是较为合适的一条道路。低碳技术变迁的道路中，应该从农民的角度出发，因为他们才是选择技术的主体。农民决策的判断标准很简单，是以能否增加收入为准，对于农民而言，生产过程中要使用各种生产要素：包括土地、劳动力、资本，每次生产要素的成本加总得到其生产成本。所生产出来的农产品也是有价格的，出售之后得出的销售收入减去生产成本便是他们的收入。很明显，农民进行决策的根据不是增加销售额就是减少成本，也就是说，农产品价格的提高，产量的增加和生产成本的减少。能达到这三个结果中的一个以上的技术就是他们需求和使用的技术。可见，低碳技术的研发虽然有"公共品"的特征，然而其推广和使用则完全取决于的市场。因此，低碳技术的

---

① 应对气候变化 林业具有特殊的功能[N]. 中国绿色时报，2009-07-01。

研发和推广，要以农民的需求为导向，以市场为检验。能确实提高生产者和消费者效益的低碳技术对于农地的利用低碳乃至整体低碳经济的发展都具有重要的推动作用。

需要指出的是，这些低碳化技术作为农业科学技术，实际上是一种经济活动，是种需要投入稀缺资源(如知识、技能、设备等)并生产有用信息和产品的专门活动。这些技术的投资规模较大，超过了单个农户的能力和兴趣。而且农业领域的一些新技术易于模仿，一种费时费心费力费钱的新耕作技术发明出来，其他人让其仔细观察后也许就可以免费使用，知识产权保护成本很高。因此，上述的农地利用的低碳化技术应该是公共品，政府应扮演重要的角色。正如舒尔茨所说的："对待现代农业研究的唯一有意义的办法，是将大多数农业研究归到公共品的生产领域。"

七、市　场

对环境与资源问题的理论探讨由来已久。专家学者们对环境和能源问题的关注大约是从20世纪60年代开始的。之前的出版物中基本没有看到对生态环境的关注，学术界也没有"环境保护"的概念。最早对工业经济发展模式提出批评的是美国的女学者雷切尔·卡逊，她在1962年发表的著作《寂静的春天》中首次对工业经济所造成的环境问题进行了披露，指出当时农药对生态环境的危害。她的理论当时受到相关生产和经济部门的猛烈抨击，但同时也带给人们强烈的震撼，唤起他们的环境意识。6年之后，来自西方不同国家约30位企业家和学者聚集在罗马，共同探讨了关系全人类发展前途的人口、资源、粮食、环境等一系列根本性问题。这就是著名的罗马俱乐部，他们首次从系统与整体的高度对当时的工业经济发展模式提出了质疑，并出版了一个报告《增长的极限》，引起了广泛的关注和争议，也成为后来可持续发展理论的基础。发展到90年代后，政府开始关注环境和能源问题，1987年世界环境与环境发展委员会的报告《我们共同的未来》中，提出了"可持续发展"的概念，明确了"可持续发展"的内涵，得到了国际社会的广泛共识。1992年联合国环境与发展大会又进一步通过了《21世纪议程》，它标志着可持续发展观已经从全人类的一种观念认识进入到具体的实施阶段。在《21世纪议程》中，各国政府都提出了详细的行动蓝图。五年后，38个主要发达国家联合签署了《京都议定书》，这标志着国际社会开始了从制度和法制层面推进环境与能源问题的解决阶段。可以说，20世纪90年代以来，全世界已经认识到环境和能源问题的重要性，各国政府也相应地做了许多工作。然而现实的情况说明，仅仅依靠政府，当代人类面临的资源和环境世界性难题是不可能、无法解决的。特别是具有公共品性质的环境问题，政府推动只是问题解决的一个阶段，不进入市场化与产业化的驱动阶段，问题不可能得到根本性解决①。

理论的发展和政府的推动无法全面而实质性地推动环境和能源问题的解决，这归根结底得靠市场，靠经济利益的驱动。在这次金融危机中，能源与环境成为世界发达国家竞相投资的对象，这显然不是单单环境意识和环境道德促使他们这么做，因为无论何时，利益驱动永远是各国进行战略选择的第一推动力。这种情况说明现在对新能源和环境的投资，不再是以往的公共投资，而是具有了私人投资并获利的新领域。我国的企业已经逐渐开始进入这个市场。2009 年 8 月 5 日，上海的天平汽车保险股份有限公司成为第一家通过购买自愿碳减排量实现碳中和的中国企业，它购买了奥运期间北京绿色出行活动所产生的 8026 吨碳减排指标，用于抵消其自 2004 年成立以来至 2008 年年底全公司运营过程中产生的碳排放②。

市场有助于调动农民的积极性。农业中充满竞争的良好的市场机制可以通过价格机制的传导，有效地调节产品的市场供求。市场作用的正常发挥，会保证人们所需要的产品不出现长时间的供求失衡，农业改革以来中国农产品的供求情况已经很好地证实了这一点。从未来发展看，随着人均生活水平的提高，人们的消费结构会产生变化，出于对食品安全问题的考虑，对于绿色食农产品、有机农产品等的需求会增加，这些农产品生产过程中的农地利用都是“低碳”的，这也意味着，市场对农产品的需求最终会体现在农地利用方式上。

更进一步地，当温室气体排放量可以作为商品在市场上进行交易的时候，从理论上说，农地所有者可以依靠农业自身对温室气体减排的特性，依靠改变耕作方法、改进农作管理措施等方式在这个新的市场上获得收益。在农地利用上，如果他们善于经营管理自己的农田、林地，就可以将大气中的温室气体更多地固定到土壤中，通过增加土壤中的碳汇，提供给那些需要购买碳汇的温室气体排放量大的工业部门。如果在实践上可行，那么这个市场的发展势必对农地利用方式产生影响。

目前在碳排放交易市场中最引人关注的农地类型当属林地。首先，林业的碳汇能力巨大。根据粗略测算，全球森林每年能吸收并固定的大气中 CO_2 量约为 1196 亿吨。若以 1990 年为基年，在 2030 年前，我国仅造林和森林管理活动的碳吸收量每年就可达到 1.03 亿吨和 2010 万吨。1990 ~ 2009 年，我国造林累计吸收碳量为 10.89 亿吨；森林管理活动累计净增加碳吸收 1.15 亿吨。因此，《联合国气候变化框架公约》和《京都议定书》第二条要求国际社会以促进森林可持续经

---

① 推动新经济革命的利益驱动机制已经形成[N]. 中国经济时报，2009 - 08 - 18。

② 中国完成国内第一单自愿碳减排交易[N]. 中国经济时报，2009 - 08 - 06。

营、造林和森林更新来缓解全球的温室效应。其次，从收益角度出发，即便不考虑森林所提供的生态服务效应，单从收益和成本的比较来看，CDM项目的收益也高于成本。再次，从成本上看，由于造林和森林管理的成本比工业减排小，这就意味着通过造林等林地利用方式实现的减排具有巨大的市场。一般的估计是，工业减排1吨二氧化碳成本为100美元左右，而且技术复杂、推广难度大；能源部门的核能、风能和生物质燃料等各种技术的减排成本大多介于70～100美元，而减少毁林排放的成本低于20美元，造林和再造林的成本仅为5～15美元①。发达国家之所以提出《京都议定书》下清洁发展机制（CDM）中的造林和再造林项目，即通过资助发展中国家进行造林、再造林等项目来抵消其一部分温室其他减排义务就是这个原因。因此，对于发达国家和发展中国家来说，利用农林业，特别是林业在减少CO_2排放和增加CO_2吸收，是一种双赢的选择。

第三节　低碳经济视野下农地利用的发展趋势

全球变暖的今天，我国政府已经意识到发展低碳经济，转变经济增长方式的必要性和紧迫性。因此，国家开始将发展低碳经济作为整体发展的战略，2009年4月，国家发改委宣布，国家已经开始着手制定"推进低碳经济发展的指导意见"。可以说，推动低碳经济的发展与我国之前的可持续发展战略以及生态文明建设等都具有一致性。低碳经济为农地利用变化提供了一个崭新的背景，在这样一个背景下，经济和政策双方面均会产生相应的变化。转变经济发展模式的发展观念的转变和引导每个产业，农业也不例外。

一、碳汇交易市场

面对温室气体增加，大气变暖的现象，人们认识到改变这种状况需要付出努力，可以从三个方向进行，首先是提高能源效率，减少排放；其次是大力开发低碳能源，在满足能源需求的情况下，尽量不增加碳排放；最后就是利用耕地、林地等农地的碳汇功能，通过农地利用、管理等方式增加固碳效果，降低温室气体排放度。从环境公平权的角度出发，国际社会制定了《联合国气候变化框架公约》和《京都议定书》，后者要求发达国家率先减少温室气体排放量。为了帮助发

① 应对气候变化 林业具有特殊的功能[N]. 中国绿色时报，2009-07-01。

达国家减排，《京都议定书》规定了三种履约机制，即排放贸易、联合履约和清洁发展机制。排放贸易是指发达国家之间间可以进行温室气体排放权的买卖；联合履约是指发达国家共同实施减排或碳汇项目，将项目产生的减排量转让给另一个发达国家；清洁发展机制是指发达国家到发展中国家实施项目(提供技术或资金)，所获得的碳信用额度，用于抵减发达国家(投资方)的减排量，同时要求这些项目要有助于促进发展中国家的可持续发展。上述三种机制直接催生了国际碳贸易，推动了国际碳市场的发育。其中，前两种机制是存在于发达国家之间，只有第三种机制是在发达国家与发展中国家之间的交易。

碳汇交易的巨大市场引起了广泛的关注和讨论。特别是利用林地和耕地等农地，特别是林地的碳汇功能进行交易已经成为讨论的热点，且也成了现实。例如，中国东北部内蒙古敖汉旗防治荒漠化青年造林项目，就是根据《京都议定书》清洁发展机制下的造林再造林碳汇项目的相关规定，由外方承担部分投入，在我国造林的第一个“碳汇”造林项目，该项目的第一个有效期 5 年时间内投资 153 万美元，在敖汉旗荒沙地造林 3000 公顷。另外，国家林业局已将广西利用世界银行生物碳基金开展的造林再造林项目作为碳汇试点实施。四川、云南也在利用保护国际筹集的资金，启动碳汇试点工作。这些都充分说明，林业碳汇被认为是通过市场机制实现森林生态效益价值补偿的一种重要途径。

除了林业之外，以耕地利用为基础的种植业也已经参与到这个新型的经济体系中来。《杜克法则》是由美国环保协会(Environmental Defense Fund)组织美国诸多农林业与气候变化方面的专家编写了这部估算农林业温室气体抵消量的“法则”，它是源于学者们对于农林业在气候变暖中所面临的温室气体排放、固碳和节能等方面的思考。书中为农业林业自愿减排市场提供了相应的方法和标准。目前，包括新疆维吾尔自治区在内的一些省份已经意识到碳汇及交易这一发展方向，并和美国环保协会合作，将《杜克法则》应用于量化农业温室气体减排的项目中。在新疆实施的这些项目包括改传统的翻耕为土壤免耕耕作，利用沼气为能源，防止沙漠化种植原生植物红柳以及高效节水的滴灌灌溉(丁继武，2009)。

从理论上看，中国的碳汇市场巨大，特别是林业碳汇。然而，被热情冲昏头脑而不顾现实的做法是不可取的。首先，应该清醒地认识到，目前在国际碳市场上大多数是减少排放的工业项目在进行交易，由于规则的复杂性、不确定性和不稳定性等诸多因素，林业碳汇项目能够实现交易的极少。例如，按照规定，拟实施的项目必须是在过去 50 年来没有森林的土地或 1990 年以来没有森林的土地上进行造林或再造林；还需要制定配套的方法学、证明额外性、避免碳泄漏等等。此外，项目要经过实施国政府批准，还要由联合国清洁发展机制执行理事会派出的“指定经营实体”多次审查，最后由联合国清洁发展机制执行理事会批准。种种条件都表明，林业碳汇项目在实施的整个过程中，限制颇多，且交易成本比较高(陈叙图，2008)。其次，虽然《杜克法则》提供了森林中的碳固定、土壤中的碳固定和粪肥中的温室气体方法等农地利用中的温室气体排放和碳固定计量方法，然而，在中国，这种方法的推广，以及基于这种计量方法而提倡的农业林业自愿减排市场的形成和发展需要相当的一段时间。再次，“碳汇项目”需要持久。根据协定，CDM造林项目形成的人工林在项目期以及在项目期结束后的一段时间内是不能被破坏的。根据机会成本原则，这就意味着，实施了碳汇项目后，在一定的时期内就丧失了对这些土地的使用用途变更的权力。因此，并非所有地区都适合选择土地来进行人工造林以获得该项收益；最后，在对发展“碳汇”的盲目追求之下，会造成一些扭曲的后果。例如，近些年来，在洞庭湖区，一些政府和投资人在湖区湿地甚至野生冬候鸟保护核心区栽种杨树。从碳吸收角度和生态角度出发，洞庭湖这个湿地生态系统在固碳方面的作用本身就比较强。栽种杨树的后果对该湿地生态环境的破坏是一个重大的威胁，会导致湿地的固碳功能减弱，甚至导致湿地中所累计的大量无机碳和有机碳氧化分解，从而使得湿地由“碳汇”变成“碳源”，背离了低碳发展的要求。因此，对于林业碳汇，我们在发展的过程中应该立足于现实，而非一味地在林业生产和发展中迎合热点问题，从而浪费精力和财力。

二、农地利用方式的变化和创新

当然，这种以温室气体为第一考虑的农地利用方式目前还是少数。在农地利用过程中，我们更多的考量并非是某种利用方式可以从碳交易中得到多少的利益，而是我们应该采取何种利用方式，在获取经济效益的同时，可以减少对环境(自然包括对气候)的负外部性，更进一步地，可以弥补以前的经济发展方式和土地利用方式所带来的环境后果。

农地利用过程中出现的种种问题早已引起人们的思考。无论是耕地、林地、草地还是湿地，人们都在寻找新的利用方式，拓展其原有方式，以期能在充分利用这些农地的同时，利用相应的理论和技术防止高强度利用对环境的负面效应，实现高产出和环境友好共存。

以耕地为例，耕地具有多功能性，不仅体现在生产功能上，还有生态环境保护功能。然而，我国人多地少、人均耕地资源不足的客观现实决定了耕地生产功能具有不可替代性。因此，在对耕地资源的充分利用上，应该考虑如何创新利用方式。随着全球人口的继续增加，有限的耕地可能无法满足粮食的需求，如果不采取严厉的限制措施，不在耕地利用和农业发展理念上进行改革创新，地球可能会面临严重的粮食和耕地短缺，并会引起饥荒和生态灾难。耕地利用方式的变化是实现农业可持续发展的根本所在，特别是那些耕地资源贫乏的地区。非洲肯尼亚的马查科斯就是这样一个极好的例子。马查科斯的面积约有140万公顷，传统上种植玉米。由于耕地大多为山坡地，年降雨量只有800毫米，并且降雨量分布不均，因此该地区的大多数耕地并不适合耕作。随着人口增长，该地区最好地块被开发，其后劣质的土地也开垦用于耕作。在20世纪30~40年代，土地的过度开垦导致其质量迅速下降，濒临生态崩溃，人口负载超过了当时的技术和投入水平所能承受的能力。然而，半个世纪以后，令人惊奇的事情出现了，该地区的人口增加近5倍，当年那些劣质土地上的人口密度提高了近30倍。与此同时，农业产量却增加了，土地侵蚀减少而森林覆盖率上升。当初想象中的生态崩溃并未发生。产生这一结果的原因在于投入水平的提高以及农地利用方式的改变。该地区当年迁移到其他地区和城市的劳动力将他们的收入寄回家乡，增加了农业发展所需的资金投入。更为重要的是，当地的人采取了一系列适宜的农地利用方式，包括农牧结合、减少休耕期、提高复种指数、大量使用绿肥、复合肥料和化肥等。同时，特别注重采用了一系列保护土壤的方法，如保护性整地、等高线耕作和梯田化等，以扭转土地质量的下降。除此之外，从未来的发展来看，我们需要新的农业发展理念，例如扩大农业发展的空间，从平面拓展至空间。例如"在摩天大楼中建造农场"。美国哥伦比亚大学的一位公共卫生和微生物教授迪克森·德波米耶博士是倡导这一理念的先锋。垂直农场不仅能解决未来的粮食短缺问题，还可以减缓全球气候变化，提高第三世界国家的生活水平，改变人类获取食物和处理废弃物的方式。当耕地不仅仅局限于地面，而是扩大空间利用范围，以垂直的形式来进行，那么对耕地数量和对粮食产量的忧虑则会大大缓解。另外，室内进行农业生产的好处在于有效地避免外部环境例如自然灾害和极端天气等的影响。这种"垂直农业"被迪克森·德波米耶博士设计为30~40层的超现代的时尚摩天大楼。按照他的想法，可以在每层同时发展农、牧、渔业，例如种植不同的作物和养殖不同的小牲畜，建造水槽以养鱼和其他海产品。在能源供给方面，可以通过玻璃墙、大型太阳能电池板和焚烧炉焚烧垃圾来取得，同时采用高科技灌溉系统和各种监测系统①，这些设备使得水分得到合理和充分的利用，甲烷等温室气体不会扩散到大气中，能量实现循环，从而实现农业生产的绿色化、有效化和精确化。这样保证其产出的食物都将是有机的、健康的，生长过程中不施任何肥料。当然，现在这一切都只是空想，要像让其成为现实，还需要各个学科的专家的共同努力和技术的发展。

① 摩天楼里建农场[N]. 经济观察报, 2009-04-27。

林地的利用也是如此，在原有的利用方式基础上，转变思想观念，增加新的利用形式。以林地为例，可以经由经营方式的改变，不仅增加经济效益，而且缓解耕地压力所带来的粮食压力。以我国目前的经济和社会的发展情况和态势，18亿亩耕地已经不能满足人们日益增长的需求。以大豆为例，大豆具有很高的蛋白质含量，一亩产量为100千克的大豆能获得35.5千克的蛋白质。若按照现在的生产能力，中国需要3亿亩耕地来生产出3000万吨大豆，这显然是很难的。但是如果将大豆的种植纳入林业生产中来，情况也许会有所不同。因为木本树种中，不乏每亩平均蛋白质产量像大豆一样高，但种植成本相比于大豆更低的树种，如紫穗槐、大叶槐、桑树叶等。以桑叶为例，据相关报道，1亩桑田可产出1吨干桑叶，每100千克干桑叶中含有16%～28%的粗蛋白，按20%计算，1亩桑田可产出200千克蛋白，相当于5.63亩大豆产出量。照此计算，5300万亩饲料桑田就可以代替3亿亩大豆。而且，桑树种植可以一次性投入，之后年年收获，收益成本比高①。因此，农地的利用方式扩展应该打开思路，不局限于原先的用途，依靠技术来发展新的农地利用形式。

三、重视农业的多功能性

随着社会经济的快速发展，农业发生了深刻的变化，多功能性特征越来越凸显，从食物保障、原料供给和就业增收等传统功能，向更广泛的生态保护、休闲观光、文化传承等领域扩展。农业多功能性的提出与我国的现实情况紧密相关。就我国目前情况看，为40%的城市人口服务的环境建设已经受到一定的重视，但为60%的农村人口服务的环境建设却长久被忽视，之前人们对农业的功能主要定位在经济功能上，而现在提出农业的功能应该大大拓宽，也就是说，农业不仅要有经济功能，同时也强调它的生态功能、文化功能、社会功能。

农地的利用具有较强的生态功能。因为农地在开发利用自然资源，提供经济产品的同时还提供多类型的生态服务功能。农业是生态系统的有机组成部分，既开发利用自然资源，提供经济产品，同时还提供多类型的生态服务功能，包括土壤保持、防止水土流失、涵养水源、维持河水清洁、气候调节、减轻污染、保持生物多样性等生态调节功能。原因在于，与人类其他土地利用方式不同，农业生产利用的土地必须保持有一定时间的置备覆盖，水田还需要保持一定的淹水状态。因此，这些农田和相关的农业生产活动具有相应的生态调节功能。如果农地利用方式不恰当，将会导致土壤退化、病虫害加剧和农业生产能力下降，影响农

① 未来中国林业地位将更加凸显[N]. 中国绿色时报，2009-04-16。

业生态调节功能的正常发挥，也会对外部生态环境产生负面影响。目前，农村乡镇企业发展较为迅速，但是在发展过程中难免对生态环境产生一定影响，产生了一些污染。另一方面，从城市的发展过程中也或多或少产生了一些生态环境问题，此时就更需要农业发挥其生态功能，起到土壤保持、防止水土流失、涵养水源、维持河水清洁、气候调节、减轻污染等功能。农业的社会性功能指农业作为社会生产部门，能容纳劳动力就业和向农村人口提供生活保障，特别表现在就业与保障方面。考虑到农村人口基数巨大，随着全省的工业化和城市化，农村人口和农业劳动力逐步向城市和非农产业转移是发展的趋势，但是目前城市和工业吸纳农村人口、农业劳动力的能力有限，在今后一段相当长的时期内仍然需要由农业来提供就业，减小社会就业压力。农业容纳隐性失业的能力很大，农业仍然是农民收入增加的主要渠道。文化功能方面，农业作为生物质产业部门，能传承农耕文化、保护文化多样性和为城市居民提供休闲服务。在我们这个有着几千年农业文明的国家，农业不仅是一种生产方式，也是一种生活方式，是许多民族文化和地域文化形成和存续的基础，农业的持续发展将使多样性的文化得以传承和保护。对于城市居民来说，通过观光或者直接参与农业活动，不仅可以得到休闲，感受自然，还可以获取审美和教育的效果，在健康身心的同时，建立与自然和谐发展的价值观。

现实中，农地可以通过发挥其多功能性，达到经济效益、社会效益和生态效益有机的联系和统一，典型的利用方式就是发展观光农业和休闲农业。不同地区的农业资源不尽相同，可以立足自身独有的资源进行相应的开发利用。以福建省为例，福建有丰富的农业资源，盛产水稻、花果和多种亚热带特色经济作物，且森林资源丰富，海岸曲折，沿海有属亚热带海洋和大陆架浅海，这些条件是观光农业和休闲农业发展的重要基础。此外，福建气候区域差异较大，闽东南沿海地区属南亚热带气候，闽东北、闽北和闽西属中亚热带气候，农业布局和作物种类存在差异，各地区的田园景观也具有各自特色，形成闽西北山地丘陵盆谷粮林茶果区、闽东北中低山林茶粮区、闽东闽中山地丘陵平原渔粮茶果牧区、闽东南平原丘陵经作粮果茶渔牧区、闽南丘陵平原经作果粮渔牧区、闽西南低山丘陵盆谷粮林烟果区。这些地区农业资源各异，有利于休闲农业和观光农业的发展。

四、不同类型农地利用的低碳趋势

低碳经济时代，对农地利用变化最应该研究的是如何对现有农地利用模式的改变，发展“低碳农业”。对于基础脆弱和综合生产力低的中国农业来说，农产品安全、生态安全、资源安全和农业综合效益的提高十分重要也十分困难。为了改造传统农业，提出发展现代农业，通过提高农业水利化、机械化和信息化水平，提高土地产出率、资源利用率和农业劳动生产率。但是单从世界各国现代农业进程来看，其特征就是高投入、高产出，采用现代化的设施及农业机械设备，依赖投入大量的化学肥料、农药、杀虫剂、除草剂等等，用这样的高投入换取高产出。对于我国农业的发展来说，在推进农业现代化进程中，对于现代化的设施及农业机械设备的更新和使用是必要的，然而，在化学肥料和农药等方面的高投入显然对环境会造成影响，从而影响农产品质量安全，并未达到真正现代农业的要求。

（一）耕　地

从低碳经济的角度来看，在农地利用中，化肥和农药的合理使用是农业节能减排的一个重要部分。以化肥为例，化肥的投入是农产品增加产量和提高质量的一种手段，因此，多用甚至滥用化肥成为农业生产中司空见惯的现象。而事实上，化肥作为一种生产要素，是具有最优经济投入水平的。当增施化肥的增加产值和化肥成本相等时，即边际产值等于边际成本，边际利润 =0 时，增施化肥已经不能增加施肥利润，单位面积的施肥利润达到最大值，此时的施肥量则为经济最优施肥量。具体来说，在化肥施用过程中，化肥效应符合报酬递减规律，即施用化肥所增加的产值是按照递减率增加，而化肥施用的成本则是固定增加的。因此，在化肥施用过程中，其投资的利润率先是增加，到最高点时开始下降，直至总产值和总成本的交点时为零，而后继续下降。因此，到达最高地时的化肥投资利润率最大，此时的化肥使用量就是经济最优施肥量。

更进一步地，如果考虑到农业生产实践中农药化肥等生产要素所造成的环境问题。例如化肥尤其是氨肥施用后，通过淋溶、渗透、淋洗等方式进入环境造成的污染。那么在分析化肥使用的经济的经济效益以及最优投入量时，必须考虑化肥施用造成的环境成本，即将其引起的社会成本纳入经济分析。此时的最佳生态施肥量是指使农产品产出合理增长的同时对环境污染程度控制于环境容量内，促进农业生产活动和环境协调发展的化肥投入量。这种生态施肥量应该是一个施肥区间，其理论数值可以通过测定计算而得。例如，利用单变量的农业生产二次函数：$y = a + bx - cx^2$，

假定粮食价格为 $P1$，化肥价格为 $P2$，单位化肥的边际外部成本为 $P3$，

则化肥投入价格应为 $P2 + P3$，

达到最佳生态施肥量时，边际成本等于边际效益，

即 $MC = P2 + P3 = MR = P1(b - 2cx)$

得化肥的投入量为：$X^2 = b/2c - (P2 + P3)/2cP1$

由此可见，并不是越多地使用化肥越好，而且，考虑环境成本后的最佳生态施肥量应该比经济最优施肥量更低。正如以上所提到的最佳施肥量应该是一个区间，期限应该是以经济最优施肥量即生态施肥区间为(最佳生态施肥量，经济最优施肥量)

除了改变农业投入要素的使用方式以外，通过提高农业机械和灌溉活动的能源效率来减少生产中直接能源消耗问题、改进农业设施，发展节能技术等也都应该得到重视。以农作物种植的浇灌方式来说，传统的浇灌方式包括漫灌、快灌等，这些方式的需水量大。但浇灌效果并不好，而且水资源浪费的现象严重，特别对于那些干旱缺水的地方，更是不适用。之后的喷灌方式虽然提高了水的利用率，但仍然存在着水电的无效蒸发等能源浪费问题。因此，从耕地低碳利用的角度出发，滴灌是一种可行的值得推广的浇灌方式。所谓滴灌，是利用塑料管道将水通过直径约10毫米毛管上的孔口或滴头送至作物根部进行局部灌溉，水的利用率可达95%，具有很好的节水增多效果，同时，实现经济效益和能源节约，实现低碳方式发展。

因此，在农地利用变化过程中，应该更强调生态、强调可持续发展、生态文明、经济与社会和谐等观点，利用技术创新，政策引导，对现有的农业发展模式进行调整。事实上，西方的现代农业也在不断探讨新的模式，迫切要求提升到更高的层次。一些新兴的农业模式，例如复合型农业、有机农业、生态农业、可持续农业、绿色农业和生物多样性农业等，都是可以避免使用农药、化肥等，某种意义上正属于低碳农业。例如，贵州省从江县的少数民族，经常在稻田里养鸭。“鸭吃农田里的杂草和有害动物，粪便回田又成为作物的肥料。鸭可刺激水稻，减少甲烷排放，还可使水稻矮化，减少倒伏”①。也就是说，只要能得到经济效益和、社会效益的统一，都是可以采用的，也都是农地利用的趋势所在。

(二)林　地

森林在固碳方面的重要作用得到越来越广泛的关注。我国森林面积1.73亿公顷，中幼林面积占67.85%，正处在旺盛生长期，具有较强的碳吸收能力和发展潜力。今后，应该充分发挥我国生物固碳潜力。通过造林、森林经营及保护、湿地保护及荒漠化防治等工程，充分挖掘林业减排增汇潜力。通过这样的林地利用，可以在提供林产品和生态服务的基础上，实现减排增汇的效果。

森林是重要的碳汇，但是我国森林的现有碳贮量只有潜在贮量的44.3%，还具有很大的碳贮存潜力。根据国家林业局应对气候变暖课题组的测算，全国现

① 我国农业发展可用低碳代替高碳农业[N]. 科技日报，2009-08-17。

有无林地面积 0.57 亿公顷，荒漠化土地总面积 2.64 亿公顷，沙化土地总面积 1.74 亿公顷。若将无林地全部绿化，30% 的荒漠化土地、沙化土地营造成灌木林，按照 5 年平茬一次，灌木林平均生物量 17.8 吨/公顷计算，新增造林地年均约可净生长 6.7 亿吨生物量，年可吸收 12.26 亿吨 CO_2。在今后的林地利用中，可以通过加强保护现有森林资源、扩大造林面积、改善森林经营以提高森林质量和更新造林等方式来增强森林的碳吸收能力。

从世界范围来看，世界各国对于森林在缓解气候变化中的作用都有着清醒的认识，纷纷制定了林业行动计划和相应的政策机制来应对全球气候变化。英国在 2008 年制定的《森林和气候变化指南——咨询草案》中明确提出了保护现有森林，减少毁林，恢复森林植被，使用木质能源，用木材替代其他建筑材料，以及制定适应气候变化的计划等 6 个关键行动计划；美国的《林业碳管理计划》专门设立碳信用和碳汇两种模式为个人和组织提供利用植树来补偿温室气体排放的机制；加拿大也与 2008 年提出新的森林发展战略，提出通过加强森林火灾、虫灾的防治，减少森林砍伐等造成的碳排放，同时加强森林管理和促进使用林产品增加储碳量。并计划投入 2500 万美元，用 5 年时间帮助社区适应气候变化，为全国 11 个以社区为基础的合伙企业提供资助，推进社区应对气候变化的信息共享和能力建设；日本于 2006 年提出了《新森林计划》，提出“防止地球变暖的森林碳汇 10 年对策”及今后的 4 项工作，即森林可持续经营；保安林管理；木材和生物质能源利用；国民参与造林。同时还于 2008 年发布了《2008 年森林白皮书》，提出了通过间伐可持续利用森林，扩大建筑使用木材等行动计划；印度政府应对气候变化的计划则有 2007 年提出的喜马拉雅生态保护计划、绿色印度计划，并在 2008 年 6 月批准通过了第一个关于气候变化的国家行动计划——《气候变化行动计划》，该计划的主要内容是在 2008 ~ 2017 年间印度要着重以采取森林可持续经营、保护与开发并重的方式利用非木材林产品，重视退化林区的开发和恢复等方式以应对气候变化。中国也相当重视发展林业以改善生态环境，在 2007 年发布实施了《中国应对气候变化国家方案》，首次将林业纳入我国减缓和适应气候变化的重点领域，并于 2009 年 6 月发布实施了《中国应对气候变化行动计划》，在此计划中确定了五项基本原则、三大阶段性目标和实施 22 项主要行动，具体包括大力推进全面义务植树、实施全国森林可持续经营、扩大封山育林面积等 15 项林业减缓气候变化行动和提高人工林生态系统的适应性、加大重点物种保护力度、加强荒漠化地区的植被保护等 7 项林业适应气候变化的 7 项行动。

(三)湿　地

湿地方面更多地强调的是保护。寻求能源碳排放在生态系统中的重新收集和固定是近几年来国际上共同努力的趋势。国际社会和学术界都认为湿地土壤的碳收集和固定是经济和环境双赢的战略。因此湿地国际近几年都在努力争取将湿地保护而减排列入缓解气候变化的谈判和减排的多边机制。例如，发展林业的基因工程技术，对树种进行遗传品质改良，定向培育出能适应不同气候和环境条件并具有较高的CO_2吸收率的速生短轮伐期的新品种，就有助于充分利用大气中的CO_2。在农业方面培育推广优良品种，根据我国农业生产实际和未来气候变化趋势，培育或者引进具有对高温、干旱等极端气候有抗性的品种，扩大碳的吸收存储；保护和改良土壤对农作物副产品进行深加工利用，推广秸秆过腹还田、发展沼气；加强生物能源的商品化技术的研究与推广；并加强农业系统的碳汇科学技术的研究推广。Ramsar 公约组织与湿地国际已经共同发起湿地计划，呼吁全球都致力于保护湿地生态系统以作为应对气候变化的一种途径。

在气候变暖的压力下，我国对湿地的碳汇功能有了更深的认识，2008 年，我国进行了首次的全国性湿地调查研究，结果表明，全国现有湿地总面积为3848.55 万公顷(不包括水稻田湿地)，其中，仅有近 40% 的自然湿地纳入保护区。若按湿地保护规划，实行“退耕还湖”等措施，恢复被开垦的 0.1 亿公顷湿地面积 30% 计算，约可增加固定 28.16 亿吨 CO_2，按持续 100 年计算，年均增长固碳能力可达 0.28 亿吨 $CO_2$①。对湿地的保护有助于增加碳吸收，有助于保证周边环境的生态环安全。

① 国家林业局应对气候变暖课题组．高度重视发挥林业在应对气候变暖中的重大作用[J]．绿色中国，2006：46～49。

第七章
低碳经济视野下农地利用的新模式

低碳经济对农地利用模式提出了新的要求。现今的情况很复杂，要在农地资源和水资源更加紧张的现实情况下实现粮食增产，而且在这个过程中，既要考虑化肥和农药对环境和人们健康的不利影响，又要考虑全球气候变化对作物生长的可能危害，还要考虑节能减排和发展可再生能源以实现低碳经济。这些方面的要求对农地利用提出了更高的要求和挑战。因此，要坚持科学发展观，创新农业发展理念，因地制宜发展“低碳”且“经济”的农地利用新模式。

第一节　低碳经济视野下农地利用遵循的原则

一、生态规律

低碳经济下的农地利用必须遵从生态规律。生态规律包括三大基本规律：生态平衡规律、物质不灭定律和协同演进的规律。近年来，许多学者和地区将生态规律运用到经济社会发展中，努力探索各种有效的模式和管理途径，如循环经济、绿色经济以及低碳经济。

遵从生态规律的生态农业常常被认为是低碳经济时代农业发展的新方式。相较于“转基因”技术等分子生物学对新农业革命的有限作用，生态学主导的农业发展应该是更好的途径，即利用生态学原理，通过协调发挥动物、植物和微生物之间的相互作用，用生态学中的生态循环理念来改造农业现行的生产方式，与传统农业耕作相比，这种方式降低了对化学肥料、农药的依赖性，可以生产出健康无公害无污染的放心食品，而且在适应和减缓气候变化影响方面也有着明显的优势。

用蕴含着生态规律的循环经济理念来指导农地利用，可以让农地传统利用中的废弃物资源化，能量获得充分利用，达到“低投入、高产出、低排放、高效益”的两低两高的效果。福建闽北一些原来比较贫困的山区乡村，就通过发展以沼气为中心的循环经济取得了生态效益、经济效益和社会效益的三赢，如图 7-1 所示。

在这样的一个循环中，各种原先的废弃物得到充分的应用，替代了化肥和农药，村民也不用上山砍柴取得燃料，不仅节约了成本，获得良好的经济效益，而且提供了清洁能源，避免了温室气体和有害气体的排放，保护了山林，优美了环境，一举数得。

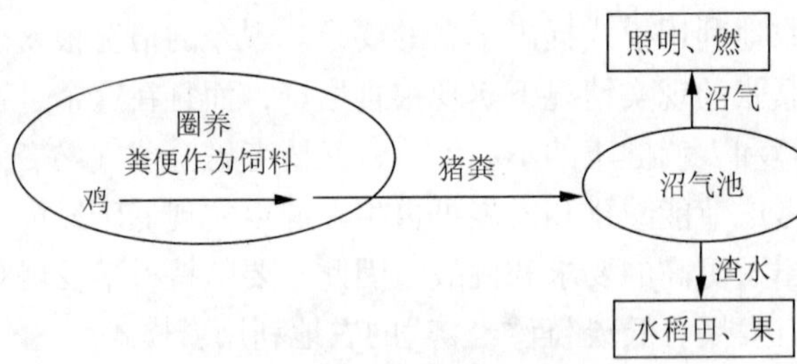

图 7-1　以沼气为中心的循环经济

资料来源：廖福霖．生态生产力导论[M]．北京：中国林业出版社，2007

二、三大安全相统一

与传统的农地利用相比，农地利用新模式应该要实现三大安全相统一，这三大安全包括粮食安全、生态安全和能源安全。

粮食安全是农地利用中最为重要的原则，这里的安全不仅仅包括数量上的安全，也包括质量上的安全。中国当前耕地的数量和质量都让人担忧，根据中国农业科学院的一项最新研究报告，我国一些地区高等级耕地流失过快，例如被城镇发展和各项基础设施建设占用，而补充的耕地等级偏低，主要分布在水热、区位、地形条件相对较差的地区，导致耕地整体质量趋于下降。中国科学院相关专家的调查也得出了相似的结论，调查显示我国耕地肥力呈持续下降态势，全国耕地有机质平均含量已降到1%，明显低于欧美国家2.5%~4.0%的水平[①]。农地利用方式与土壤质量好坏存在紧密的联系，农地利用方式中不合理地施用化肥、农药、农用地膜等行为会造成水体污染和土壤质量下降甚至土壤环境恶化。可以说，农地利用低碳与否与居民的食物安全实际上存在着重要的联系。

农地利用模式所追求的生态安全是指农地利用过程对整体生态系统的健康和完整不造成破坏，对水、食物安全、空气和环境等基本的生态系统要素不造成负面影响。

能源安全是农地利用的新模式所能提供的新“安全”。从目前的情况来看，可再生能源中的生物质能源越来越得到关注，不仅因为在农地利用模式中纳入生物质能源的开发和利用可以减少农作物废弃物和畜禽粪便，减少环境污染，还因为它可以缓解我国目前所面临的能源问题，同时减少温室气体的排放从而有助于缓解气候变暖。

三、三大效益相统一

农地利用的新模式应该尽量争取实现三大效益相统一。三大效益是指经济效益、社会效益和生态效益。首先，农地利用新模式要具备农业的经济功能，提供农产品，提供人们生活消费以及工业原材料的来源，保证农作物的高产，提高农民收入的同时又要保持农业发展的可持续性，不成为气候变化的驱动因素；其次是生态效益。这需要从碳源和碳汇两方面入手，通过农业相关“低碳”技术的开发和利用，减量使用农产品生产投入要素，加强农业废弃物的循环利用，同时增强林地、草地和湿地的碳汇能力，从而为低碳经济的发展做出贡献；最后是社会效益。农地利用新模式必须保证农民的收入增加，拓宽就业渠道。其中，经济效益是基础，是农地利用新模式能够继续的基本保障；生态效益是关键，是农地利用新模式有别于以往农地利用传统模式的关键区别所在；社会效益包括就业、健康、幸福指数、农民增收等，与前两种效益交织在一起，是农地利用新型模式带给全社会的效用。

四、因地制宜

农地利用的新模式并不是放之四海皆准。各地应该根据自身的光、热、水、土等自然生态特征，有针对性地进行农地利用模式的选择。有的地方适合进行粮

① 资料来源于中国低碳网 http：//www.ditan360.com/News/Info-96154.html。

食生产，有的地方可以进行生物质能源的开发利用，有的地方适合开展休闲农业等体验经济，有的地方可以将几种模式有机地融合在一起进行模式创新。总而言之，应该按照因地制宜的原则进行相应的开发。

第二节 耕地利用新模式

耕地是提供粮食等农产品的重要保证，因此在耕地上发展粮食经济，增加粮食产量，保证粮食安全历来是首要任务。随着农业多功能性的发展，耕地利用也不仅限于经济。写作期间，笔者到晋江市的吉隆农场、紫岭生态休闲农场、龙湖镇鲁东村和运伙村等地区进行调研，从几个地方的实际情况来看，经营者逐渐开始找寻传统的耕地单纯生产粮食或者农产品之外的耕地利用方式，以便更综合地利用耕地。因此，耕地是可以在遵循因地制宜的原则基础上，改变以往较为单纯地提供粮食的模式，探求多种利用方式并存。在低碳经济时代，耕地利用可以形成粮食经济 + 能源经济 + 体验经济的土地利用新模式。传统的粮食经济自不必说，值得重视的是能源经济和体验经济的耕地利用模式。

一、能源经济

能源战略在发展低碳经济中具有重要地位。历史经验告诉我们，每一次经济危机及调整都会催生新的产业变革。从目前世界各国发展的情况和动态来看，新能源和节能环保产业很可能成为推动新一轮世界经济增长的引擎（李克强，2009）。

能源经济中发展中，与农业密切相关的生物质能源是人们关注的热点之一，与传统能源相比，生物质能所含的有害物质少，只有煤的十分之一，而且很少排放 SO_2 等气体，因此开发和利用生物质能可以达到节能和减排的双重目的。

生物质能源的开发在巴西、欧盟、美国等国家都取得了一定的进展。从世界上生物质能源发展情况来看，2006 年世界乙醇燃料的产量约为 400 亿升，其中 90% 是由美国和巴西生产的。同期世界生物柴油的产量约为 60 亿升，75% 是由欧盟国家生产的。许多发展中国家也加入了生物能源的行列，例如印度尼西亚和马来西亚以棕榈油为原料生产的柴油，印度以其他富油植物为原料生产的乙醇和生物柴油等。在这些生物质能源开发和生产的过程中，政府采取了消费鼓励（燃料税减）、生产激励（税收鼓励、贷款支持、直接补贴支付）和指令性消费等手段进行大力扶持，例如有预测称美国200多项支持措施每年耗费达到55亿~73亿美元(世界银行，2009)。

但是，生物质能源的经济、环境和社会影响仍然在广泛的争论中。作为可再生能源，生物质能源有助于减缓气候变化、降低对原有的依赖性，还可能可以为农业生产者开拓广阔的新市场，增加就业，提高农民的收入水平，促进农村的发展。但另一方面，生物质能源也可能带来粮食价格上涨和环境风险等问题。事实表明，生物质能源的生产提升了原料价格。受美国乙醇生产计划的影响，2006年，玉米价格涨幅为23%，而之前两年，涨幅甚至高达60%(世界银行，2009)。2005年颁布《可再生燃料标准》后，越来越多的玉米被用来生产乙醇，从而导致了美国乃至世界市场玉米供应量的下降和价格的上涨。同样，生物柴油的生产也推高了植物油的价格。这就导致了食品与能源之间冲突的许多争论。

因此，未来生物质能源如果能以专用能源作物，或者使用农业和林业的废弃物取代粮食原料，就可以缓解生物质能源发展中所带来的食品和能源之间的冲突，不仅可以享受生物质能源带来的好处，也不会产生粮食的价格压力。人们一般都认为粮食就是小麦、水稻、玉米等谷物，其实它们的生物量只是占据了作物地上部生物量的40%~50%，其余的生物量则常常被认为是废弃物。这些“废弃物”往往可以成为发展生物质能源的重要来源。以秸秆为例，每年麦收过后，由于无处堆放，通常都被农民在到田头、路边或就地大量焚烧，不仅造成了生物量的浪费，也造成了环境污染。事实上，秸秆同样也是光合作用的产物，也含有能量和营养物质，也可以通过相应技术进行处理，转化为能源。现今，一些地区已经出现了生产乙醇、或制木炭、或造纸等各种处理秸秆的新方式，开始了农民的“低碳生活”进程，在宁阳县，已经出现了“秸秆煤”生产企业。利用废弃秸秆和木屑等作为原料加工而成的“秸秆煤”是一种无烟、无味、无毒的环保清洁型新型燃料，一年可以利用废弃秸秆近10万吨①，在提供能源的同时也减少了秸秆焚烧所造成的污染。更重要的是，在耕地上发展生物质能有助于优化农业产业结构，稳定和增加农民收入，促进新农村建设的进程。秸秆能源产业在国外已经发展了相当长的一段时间，欧洲的秸秆发电和颗粒燃料的技术最为成熟，商业化程度也最高。中国开展秸秆直燃发电的技术和设备现在已经可以做到自主和国产，如果将每年的秸秆产出量(超过7亿吨)用于发电，其发电量不容小觑。有专家指出，如果将一亿秸秆用于发电，可建500个25MW的小型电站，相当于一个“三峡”的发电量，年替代4350万吨标煤和减排9000万吨二氧化碳，农民年新增收入250亿元和得到50多万个工作岗位。(石元春，2009)除了秸秆之外，不同

---

① 鲁南农民青睐“低碳生活”[N]. 光明日报. 2009-12-13。

地区可以根据自身的农作物特点来进行相应的生物质能源的开发，例如北方地区的玉米、西北地区的甜高粱和南方地区（福建、广东、广西）的甘蔗、木薯和甘薯等。

另一种受到关注的能源是沼气，沼气发电既可避免沼气排放造成的二次污染，又可以获得能源。沼气的发展模式有很多，例如“粮－猪－沼－粮”、“鸡－猪－沼－菜”、“鸡－猪－沼－孵鸡”、“猪－沼－果”、“猪－沼－鱼”等十余种。实地调查的几个地方的研究都表明沼气作为一种新能源，其经济效益、生态效益和社会效益都很可观，也受到较为广泛的认可，在全国各地得到日益普遍的开发和利用。截止到2007年底，全国已经建设户用沼气池2 600多万户。根据“全国农村沼气工程建设规划(2006～2010年)”，到2010年全国农村户用沼气池总数达到4 000万户，占适宜农户的30%左右，年生产沼气155亿立方米；到2015年，农村户用沼气池总数达到6 000万户左右，年生产沼气233亿立方米左右(董红敏等，2009)。沼气具有良好的经济效益，以福建福清星源农牧业公司建设沼气发电工程为例，2009年该公司安装75千瓦沼气发电机组和发电余热循环再利用环节设施，年新增沼气产量20万立方米，减少沼气排放10万立方米，年新增发电量45万度。该技术既避免了利用不完的沼气直接排放破坏大气环境，又为猪场年节约电费约30.0万元(周琼、翁伯琦，2010)。除了经济效益外，沼气还具有生态效益和社会效益。本书写作过程中，曾对福建的数个农场进行调查，调查发现沼气的使用较为普遍。紫岭农场就以沼气为纽带，将农场开发的其他各区如野生动物区、有机农业区、生态果园区、种苗与花卉区和生活区贯穿起来，形成具有生态链的循环经济区。通过沼气这个中心，发展农业循环经济，用种植业提供饲料发展养殖业，将禽畜粪便、生活区的生活污水、人的粪便以及森林中的杂草、落叶等投放到沼气池中作为原料，在沼气池中，这些有机物质在严格的厌氧条件下，经微生物分解所产生的以甲烷为主要成分的可燃性混合气体，可以输送到生活区以作照明、燃气之用，同时，所产生的沼渣和沼液则可以作为生态果园、种苗与花卉区和有机蔬菜基地的肥料来源。这样，经由沼气，形成稳定高效的生态农业循环系统，使整个农场成为循环经济体。另外，这种方式还可以向游客展示循环经济的相关内容，达到循环经济的科普教育作用。

二、体验经济

经过实证调查研究，本书认为体验经济是当前耕地利用模式中值得发展和推广的经济形态。体验经济的发展与农业的多功能性密切相关，即农业的生态功能能给予消费者以“体验”这种服务产品，休闲农业是体验经济的典型方式，也是低碳经济时代可以着重发展的一种耕地利用模式。

将体验经济纳入耕地利用的最典型例子是休闲农业。休闲农业以农村的资源为依托，在农业经营的基础上，将第一、第二和第三产业有机融合在一起，是现今的“绿色朝阳产业”，它拓展了农业功能，拓宽了农民收入渠道和就业范围，而且发展过程中具有低消耗和低排放等特点。近些年，随着人们生活水平的提高，休闲农业在中国蓬勃发展。

吉隆农场原先的发展是比较单纯的粮食经济，即通过吸收和创新，引进台湾及东南亚等地先进技术、品种进行无公害标准化生产栽培。后来农场扩大了经营规模，并转变了经营思路，大力发展以设施农业、生态农业、休闲农业为载体的具有高效生态特征的现代农业。改变经营方式后的农场以农业观光、农业休闲功能为主，兼有教育、度假娱乐、体育活动等多种功能的综合性旅游区，规划和开发了生态农业区(包括蔬菜生产区、高新技术农业基地和科教基地、循环经济示范区等)、生态果园区(包括无公害水果生产区、闽台水果观光园)、休闲度假区、水域游览区、生产加工区等多个分区。如此一来，不仅保有了原先特色优势农产品产出的功能，还将其主要功能拓展开来，发展出保健功能、现代农业科技示范功能和高效生态农业示范等科普功能；老区文化和地方民俗等文化功能，这些功能的拓展都是体验经济的体现。

上述这些地方的规划和开发都说明当前农场经营可以在实现粮食经济的基础上，增加耕地利用的附加值。体验经济正是为传统的农地利用模式的转变提供了新的思路和良好的契机，给予其活力。它切合了现代都市居民重返自然以及重视感受体验的消费理念，例如到生态蔬菜园和果园采摘蔬菜水果，给予消费者的不仅是美味的有机的食品，也享受了获取食品的过程中的愉悦感受。另外，体验经济还涵盖了技能教育、文化和生态保护等诸多方面，在紫岭农场中，通过开发有机农业和循环农业示范区，可以为游客展示循环经济的相关内容，进行循环经济的科普教育，实现了农地利用和素质教育的结合。因此，这种形式得到了经营者的认同和青睐，得以推广。

因此，将体验经济纳入农地利用模式，是低碳经济视角下农地利用新模式的可行途径和典型代表。从狭义上说，这种新模式通过发展生态农业等方式减少了温室气体的排放，同时通过发展生态旅游等方式保护了绿色植被，增加了温室气体的吸收，符合低碳经济发展的要求。从广义上说，这种模式实现了经济效益、社会效益和生态效益有机统一，具有极大的发展潜力，是一种“绿色”的、“低碳”的经济形式，本身就是一种广义上的低碳经济。

三、发展具有低碳性质的新兴农业

与当前众多"高碳农业"相对应的"低碳农业"是一种以低能耗、低污染、低排放为基础的农业经济模式。从具体实践效果来看，循环农业、生态农业、有机农业等新兴农业都具有低碳性质，都可以看做是低碳农业经济的载体。以循环农业为例。循环农业是按照循环经济学的原理，运用科学技术成果和现代管理手段组织农业生产，实现农业资源、环境、经济的有机融合、良性循环及可持续发展的全新经济发展模式(程克群等，2010)。在安徽，出现了立体复合型发展模式，即在同一土地管理单元上，把栽培作物(如农作物、药用植物以及真菌等)和(或)养殖动物在空间上进行合理组合，实现生产与布局的空间集聚和结构整合效应。例如"稻鸭共育"模式，利用鸭子为稻田除虫、除草和施肥，大幅度地提高了农畜产品品质和农田综合效益。

第三节 林地利用新模式

一、林地综合利用模式

人工林的利用可以不仅限于对木材等林产品的单一需求，还可以在保障林产品安全和生态安全的前提下，进行其他产品的综合利用，例如林下种植、林下养殖和林下加工等多种形式，将用材、花卉、药材、食用菌、粮油林、能源林、养殖业等多种商品结合在一起进行复合林业。当然，在发展的过程中，要注重因地制宜的原则，根据地热、水文等自然生态条件，有针对性地选择相应的林下产品进行林地的综合开发利用。

林地综合利用模式应该遵循生态规律，通过生态空间的扩大来提高林地综合利用的效益。例如，放弃集约化养殖的方式，利用林下和草原来进行畜禽养殖。因为林下和草原是非常理想的养殖空间，具有良好的阳光、空气、温度、湿度、土壤等环境，如果将集约化养殖的禽类解放出来，让它们到林下和草地中自由觅食，从禽口中"夺"食，等于粮食增产。如东北地区和西南地区的松林下具有大量的树籽、昆虫和草叶，都可以通过鸡而变成"粮食"(蒋高明等，2008)。安徽阜南县则针对蒙洼、洪洼行洪区恶劣的自然环境，在荒坡、低洼地大量种植杨树和杞柳，在林下宜粮则粮，宜菜则菜，宜草则草（程克群等，2010）。利用这样的生态养殖方式，不仅可以解决集约化养殖带来的食品安全问题，还有助于解决严重的粪便污染问题以及草原和丰产人工林的施肥问题，达到多赢的效果。对于劳动力丰富和廉价的中国来说，这种生态空间养殖方式十分有利。

二、生态旅游林＋休闲保健林＋经济林＋商品林

《中华人民共和国森林法》(1998)第四条规定，森林分为五类：防护林和特种用途林、用材林、经济林、竹林和薪炭林。以往林地利用中往往是其中单一林种的经营。在之前针对集体林权改革所做的一项调查中发现，其中林农最有意愿经营的前三名林种是经济林、用材林和竹林，有超过95%的林农都最愿意经营这三种林种。原因当然是因为这三种林种的经济效益最为突出。然而，经营的生态效益一直是争论的焦点。林业在低碳经济发展中具有重要的作用，合理的林地利用可以很好地发挥"碳汇"的效应，但相应的，森林的过度砍伐等林地利用方式会将其转变为"碳源"，也就是说，在实现林地利用"经济"的同时，不一定能保证其生态效益的不受损害。

从低碳经济角度出发，如何能找到实现"经济"的同时保持其"低碳"效应的林地利用模式？结合调研的情况，本书认为，林地利用过程中，可以在经济林、用材林和竹林等林种种植和生长的过程中，赋予它们其他的价值，即将它们的生态效应转化为生态价值，进而转变为经济效益。

实现这个目标的途径就是发展生态旅游林＋休闲保健林＋经济林＋商品林的林地利用模式。生态旅游和休闲保健是林业生态效应价值化的良好方式，通过在已有的经济林、商品林所能得到的经济效益的基础上，开发和发展旅游、审美、科普和教育等多种林业其他功能，可以获得额外的甚至更好的收益，更重要的是让经营者对生态价值有更深的认同和珍惜。福建晋江紫岭农场原先只是成片的巨尾桉，经营结构单一，事实上，农场所在的地方紫帽山的植被状况良好，森林覆盖率高，十分适合生态旅游和休闲养生的林地利用模式开发，具备发展休闲经济的得天独厚的条件。因此，农场在规划后，决定以山水资源的融洽结合为特色，发展生态农场开展休闲避暑、森林浴、山水观光、登山等各种以森林环境为背景、以休闲、健身为目的的生态旅游项目，达到回归自然、进行疗养保健等目的。通过这样的方式，林地利用在保证甚至增加其经济效益的同时，也发挥了其应有的生态效益，可以被认为是一种"低碳经济"的林地利用模式。

三、发展林业生物质能源

发展生物质能源也是一种良好的林地利用新模式。特别是在当前不可再生能源紧缺的时代，生物质能源有助于缓解能源危机，实现能源安全战略。同时，发展生物质能源也有助于减少温室气体的排放，有利于发展低碳经济。各地已经开始注意到林业生物质能源的重要性和可行性，并开始了进行相关产业的发展。

正如前文所提到的，美国、巴西等国生物质能源产业的迅猛发展造成了玉米等粮食作物的国际市场价格上涨，对粮食的生产造成了一定的影响，出现了“与粮争地”的现象和担忧。国际上开始呼吁更为理性地对待生物质能源，我国发改委也在2006年12月颁布了《关于加强生物燃料乙醇项目建设管理，促进产业健康发展的通知》，说明包括中国在内的国际社会已经意识到了大规模使用生物燃料对农业及生态可能会产生的负面影响。

因此，发展生物质能源的首要前提应该是不占用耕地，不消耗粮食，不破坏环境。考虑到玉米等粮食作物作为乙醇生产原料的弊端，生物质能源的原料最好不是粮食作物。对于中国这样一个人均耕地面积少的国家来说，发展林业生物质能源就显得更加具有必要性。发展林业生物质能源也具有可行性。林业生物质能源的发展在原料、技术、经济效益、社会效益、生态效益等方面都具有相当的优势。我国林木生物质能源丰富、分布广泛。据专家测算，目前我国陆地林木生物质资源总量在180亿吨以上，林业三剩物等的总量在8亿~10亿吨。除此而外，全国还有5700万公顷的宜林地和荒沙、荒地，还有1亿公顷不适宜发展农业的边际性土地，发展林木生物质能源潜力巨大。加之近年来，林木生物质气化技术已日趋成熟，也开展了一定规模的产业化示范(谢丹等，2011)。世界各国现正积极研发第二代生物质燃料。第二代生物燃料是以植物油和动物脂肪、木质纤维素为原料制取的生物燃料。目前，加拿大、美国和欧盟各国都在开展利用木质纤维素发酵生产乙醇的技术研发，欧盟国家和美国的中长期生物质能源发展路线图中均将木质纤维素生产燃料乙醇作为2010年后生物质燃料产业化的主要目标(杜玲，陈建成，2010)。

我国的林业生物质能源发展起步较晚，但国家显示了对其开发的重视，2004年科技部就启动了“十五”国家科技攻关计划“生物燃料油技术开发”项目，2006年国家发改委编制的《可再生能源中长期发展规划》中，林木生物质能源被列入“十一五”林业发展规划。从目前的发展情况来看，林业生物质能源发展已涌现出一大批优秀科研成果和应用范例。产品主要涉及生物柴油、林木生物质颗粒燃料和气化发电。

全国各地都开始进行林业生物质能源的开发和产业的发展。例如，2007年2月，国家林业局和中国石油天然气股份有限公司签署协议，在林木生物质能源资源培育、开发等方面进行全面合作，在云南、四川等省启动第一批60多万亩生物质能源林基地建设，可实现约6万吨生物柴油原料供应能力。北京国林山川生物能源有限公司在内蒙古通辽市奈曼旗正在建设一座装机容量5万千瓦的以灌木林资源为主要原料的林业生物质热电厂(杜玲，陈建成，2010)。福建泉州泉港三青生态农业发展有限公司则对无患子等生物能源林进行了一连串的开发利用，将无患子的利用过程形成了一个从绿化造林、日用洗护、生物柴油、农业用途、医疗用途到生物化学等多方面的完整生态资源产业链。从企业发展无患子产业的情况来看，经济效益显著：如果每亩种植50株，每株产果实20千克，每亩产果量为1000千克，可以提取生物柴油原料油200千克。建设100万亩的基地，丰产后经加工处理后的无患子油或生物柴油对外销售，20年计算期内的总收入可以达到224.5亿元。更重要的是，无患子的整体开发利用是一个生态资源产业链，从选种育苗到种植养护再到产品的制作，无患子的价值被利用到极致，没有浪费；另外，种植无患子的同时，林下可以套种其他作物，还可以进行养殖，实现农林牧之间的自然生态循环。因此，发展无患子等林业生物质能源可以在实现良好的经济效益的同时兼顾生态效益，实现资源节约和环境友好，实现经济效益和生态效益乃至社会效益的相统一。

第四节　草地利用新模式

我国草原面积辽阔，但是由于连续多年的超载过牧，造成了草原的严重退化。另一方面，农区的秸秆资源大量浪费，甚至污染环境。如果转化思路，将草原上的“超载过牧”的牲畜有效转移到秸秆过剩的农区饲养，而将农区集中饲养的家禽转移到草原牧区散养，则有助于解决上述的两个问题。从这个角度出发，有学者提出的“禽北上，畜南下”是一个值得借鉴的思路。

首先是禽北上。草原上的各种昆虫、草籽、嫩叶、树种等都是对鸡来说很好的粮食。如果将鸡从农区集约化养殖转变成在草原上放养，那么就可以从鸡“口”中省下粮食，为国家节省粮食，而且，与牛羊相比，鸡对草原根本不形成危害，反而会有效控制草原虫害。草原养鸡具有良好的经济效益、社会效益和生态效益。首先，草原养鸡的经济效益不低。据相关试验表明，每只鸡在草原上耗粮仅5元左右，不计人工成本，每只可净赚15元以上。巴音胡舒嘎查4万亩围封区可承载40万只鸡，可以为牧民带来600万元的经济效益，户均8.3万元/年。另外，由于牛羊被鸡替代使得草出现富裕，卖草还可以为该地区带来至少144万元的直接收益(蒋高明等，2008)。从生态效益角度来看，养鸡所利用的草地面积比起牛羊来少得多，其余草地就可以用来发挥生态功能。

与禽北上相对应的是畜南下。我国农区生产粮食的过程中，还生产了许多秸秆，但是60%都被闲置或者焚烧，其实这些秸秆中的95%是可以通过技术转化成为牲畜的饲料的，如果将它们充分利用，将有助于解决粮食安全问题。中国每年所生产的粮食中有相当一部分是作为饲料提供给畜牧业，如果将同是光合作用产物的秸秆加工成微储鲜秸草，便可以为牲畜提供饲料，生产肉和奶，有助于解决粮食问题。根据实验数据，每7千克秸秆转化1千克牛肉(同时需要1千克精粮)，可以支撑的动物鲜重达0.86亿~1亿吨，如果按照60%的保守屠宰率来计算，可以收获的牛羊肉为0.52亿~0.60亿吨；再按照"5千克粮1千克肉"的比例进行估算，则相当于从秸秆中收获2.08亿~2.40亿吨粮食。而且，用秸秆来生产牛羊肉和牛奶等东西，用的是农民自己田里生长出来的材料，所获得的额外收入都会成为农民自己的收益，提高农民的收入。技术推广方面，由于利用秸秆转化饲料的技术是常规技术，经过简单培训后农民就能掌握，不用担心技术无法推广或者种植成本加大的问题。这种方法还有助于减少环境污染。通过秸秆转化为饲料喂养的牛羊，其粪便就是有机肥。据计算，每头肉牛和奶牛每天排泄的粪便取其平均值25千克/天计算，如果利用全国50%的秸秆可以支撑0.86亿~1亿头牛，全国就可以增加牛粪7.8亿~9.1亿吨(蒋高明等，2008)。这些有机肥如果投入使用，不仅有利于土壤肥力的保持和提高，也相应地减少了化肥的使用。由于化肥尤其是氧化亚氮的使用高举农业温室气体排放量列表的第三位，如果能够减少化肥的使用，就意味着农地利用过程中温室气体排放量的减少，就是为减排做贡献。总之，将这些被露天焚烧或者闲置浪费的秸秆有效地转化为饲料供给给牛羊，再通过牛羊的粪便或沼渣作成有机肥，实现过腹还田，还可以增加土地肥力，解决了农区烧秸秆、农田污染、农业生态不可持续等问题。在这样的生态循环过程中，实现了农地的经济和生态效益的统一，同时减少了碳排放，符合低碳经济发展的内在要求。

第五节　荒漠利用新模式

一、荒漠变农地

长久以来，中国的农地、林地、草地等不当利用造成了很多严重的后果，其中之一就是荒漠化十分严重，成为我国许多地区的心腹之患。荒漠化所导致的生态系统的恶化，增加了碳排放，减少了碳吸收，对于气候变化产生了一定的影响。荒漠化土地如果变"绿"，转变成为草地或林地，不仅可以减少荒漠化土地的"碳源"作用，还可以以草地和林地的形式形成碳汇，两相结合，将会对缓解气候变暖起到一定的作用。

在荒漠中种植沙柳等沙生灌木就是一种荒漠的"低碳"利用方式，不仅可以治沙，减少二氧化碳排放，进行碳交易，而且还可以用于发电。这种治沙方式不仅可以治理沙漠以改善生态环境，而且也可以得到相当的经济效益。种植沙柳等沙生灌木，将它们的平茬剩余物用来发电，建设生物质发电厂，而电厂的运营又将带动周边农牧民参与治沙造林，平茬售柳，为农牧民增收的同时使得环境进一步好转①。这样良性循环，就形成了经济、社会和生态三大效益的统一。另外，还有些沙生植物如苦豆、梭梭木、胡杨等也可以治理荒漠，这些植物种植后，根会深扎到底下，对防风固沙，增加碳吸收等方面具有显著的功能，同时，从这些植物身上还可以收割肉苁蓉，提取生物碱，蕴含着巨大的商机。

二、渔　业

荒漠中发展渔业在以往看来是很难想象的事情，这是因为荒漠地区缺少水资源。但荒漠所缺乏的是淡水，如在荒漠化地区开展淡水农业，淡水资源的消耗就会大于补给，导致荒漠化及准荒漠化地区原本就比较恶劣的生态环境就会越发恶化。但这个利用思路可以转变，从以往的淡水农业的思路中跳脱出来，利用荒漠中并不稀缺的地下咸水来开展咸水复合生态农业。地质勘探调查表明，地下咸水主要分布在西北以及华北北部和东北西部等干旱、半干旱的荒漠化地区，与荒漠

① 沙里淘金淘出新的治沙理念[N]. 中国绿色时报，2009-06-17。

与荒漠化土地的分布保持着较好的一致性，且具有分布广、埋藏浅、储量大、易开采等特点，把当地的咸水打上来，用于养殖海水经济生物，如对虾、海鱼、海蟹、卤虫、螺旋藻等，便可以发展荒漠地区的渔业①。如果将这种利用方式用于荒漠化地区的生态建设，意义将不可估量。

三、种植+旅游+养殖+水土改良+加工

除了上述的荒漠地区利用咸水发展渔业以外，荒漠甚至可以开发和发展种植+旅游+养殖+水土改良+加工的利用模式。例如，以咸盐水为资源，利用耐盐碱动植物及咸水各自的自然属性，在荒漠化地区种植盐生或耐盐碱植物、养殖盐生或耐盐碱水生动物（主要是海水经济动物），饲养相关的经济动物和家畜等。具体来说，把当地的咸水打上来，用于养殖海水经济生物；养殖后的废水底泥富含有机物，可用于种植各种盐生或耐盐碱经济植物，如碱茅草、虎尾草、野大麦、茵陈蒿、盐角草、海蓬子、滨藜、碱蓬、苦楝、菊芋以及灌木的柽柳、梭梭、红柳等耐盐碱先锋或次生植物，还可以栽培无土咸水蔬菜；牧养包括骆驼及其他大型牲口或家畜等。从而将荒漠化地区建设成农、林、牧、副、渔共存的咸水复合生态大农业的生产系统，实现对周边环境无污染无排放以及咸盐水资源的高效多重利用。这样的利用方式，不仅可以解决土地荒漠化的问题，让土地转变为草地等，实现生态修复，还可以将畜牧业、养殖业、设施农业和加工业上连接起来形成产业链，具有一定的经济潜力。

一个典型的例子是在荒漠中种植芨芨草，利用生态化技术来发展沙产业。芨芨草是十分适合沙漠生长的少数植物之一，种植芨芨草可以得到良好的经济、社会和生态效益（其运行概况如图7-2所示）。根据测算，如果在荒漠中种植100万亩的芨芨草，可以年产50万吨的杆，用于造纸，可以造纸浆23万吨，造纸30万吨；年产50万吨的叶子经添加部分精饲料，可以供3万头奶牛，1万头肉牛和27.4万只羊食用，并继续发展畜牧加工业，整体算来，经济效益极高②。同时，种植芨芨草可以保持水土，改善生态环境状况，甚至可以将沙漠变成绿洲。这样一来，不仅对生态环境改善做成了贡献，还可以发展生态旅游业以形成新的经济收入，而且通过种植芨芨草所涉及的种植业、养殖业、加工业和旅游业等几大产业链有助于解决周边的一些就业问题，实现三大效益相统一。

---

① 咸水复合生态农业：荒漠中的绿意[N]. 科技日报，2009-08-18。

② 廖福霖. 生态生产力导论[M]. 北京：中国林业出版社，2007：79。

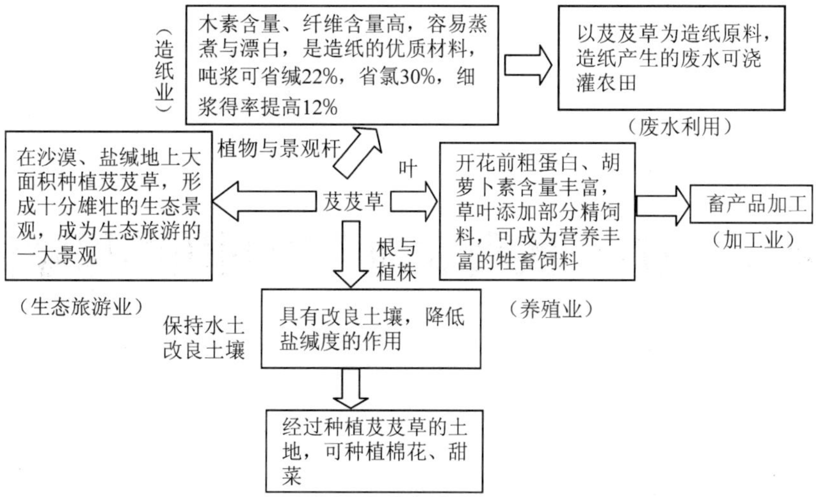

图 7-2　芨芨草利用

资料来源：廖福霖．生态生产力导论[M]．北京：中国林业出版社，2007

第八章
低碳经济视野下实现农地合理利用的保障体系

农地利用实现“低碳”且“经济”的利用的过程中，需要有一系列的保障体系以更好地保证创新的农地利用思路和农地利用模式更好地落到实处。本章将从整体发展战略的制定、政策制度的制定、完善和创新、技术的发展、法律法规的建立完善以及宣传力度等诸多方面进行探讨。

第一节　制定发展战略

发展战略是一种发展的思想理念，是行动的指导。对于发展低碳经济一种普遍的观点是，二氧化碳减排所带来的成本将成为经济发展的掣肘。事实上，二氧化碳减排与经济发展之间并非是不可调和的矛盾，低碳经济的发展正是为这种看似矛盾的双方面实现共赢提供了良好的机会。现今，无论是欧盟，还是美国、日本都逐渐开始意识到继续走传统的大量排放二氧化碳的高碳经济的发展模式已经没有了新的经济增长点，已经开始抢占低碳经济这个经济发展契机。在欧盟看来，低碳不是限制经济增长的因素，而是一个新的经济增长的良机。他们希望以此为契机，在世界经济发展中取得一种新的竞争优势。因此开始将低碳经济的发展摆在国家发展的战略地位，实行对低碳经济的投资的新一轮经济刺激计划。作为发展中国家，中国的减排压力没有发达国家那么大，也有权利要求发达国家切实按照“巴厘路线图”的承诺，为包括中国在内的发展中国家提供资金和技术。然而，如果中国只是满足于和期待发达国家资金和技术的支持，而不是积极主动进行理念、技术、制度和政策等相关创新，那么就会落后于发达国家，再次在新一轮的发展中处于下风，只能跟从和遵守他国制定的游戏规则。因此，在新的经济发展时代，首先应该将发展低碳经济作为我国的发展战略目标。我国低碳经济发展的制度保障涉及中央政府和地方政府，其中，中央政府是一国宏观政策的制定者，应该依据本国国情制定相应的有利于经济社会发展的各项政策及配套措施，起到战略导向的作用。面对国内外环境和能源压力，中央政府制定纵观全局的战略架构，切实有效的措施开发低碳能源促进低碳经济发展，兼顾社会效益和经济效益。

低碳经济发展的规划中也应该包括农业。在制定相关发展战略时应该要遵循经济上和技术上可行，生态环境可持续以及社会公平等多方面兼顾的原则。制定战略过程中，要考虑到气候变化的影响。例如考虑各地区温度或者热量条件、气候值的长期变化趋势、降水或土壤水分含量等等。另外，还应该结合我国农业发展水平相对落后、农地利用仍然存在诸多问题、整体经济和技术发展程度不足等严峻的现实情况，努力做到充分认识实际情况，目标明确，措施适宜，改变不合理的农地利用方式，保证耕地、林地和湿地等农地的数量，提高农地质量，这将有利于增强农地的利用效率和可持续发展能力，促进农地利用过程中的经济、生态和社会效益三者的统一。

第二节　政策制度的制定与创新

气候变化不仅仅是一个学术问题，更是一个经济问题和政治问题，是全世界共同面临的挑战和课题。低碳经济的发展中，政府的作用至关重要，因为其承担着政策制定以及构建地区经济发展框架的重要职能，将低碳思想纳入农地利用的具体实施中，离不开政府的行动，因此应该发挥政府的重要作用，加大政策引导和支持力度，进行低碳经济相关政策制度的创新，将低碳经济发展政策与已有的政策体系有机融合在一起。发达国家早已行动，先后实行了气候变化税、碳信托基金、排放贸易机制等多项经济政策。例如，芬兰、挪威、瑞典、德国等国家早在20世纪就已经开征了碳税，另外还有英国、瑞士的气候变化税；荷兰的能源税等。

中国也已经颁布了一些政策。在农业方面，增加森林覆盖率，保护管理森林和湿地资源，增加森林生态系统固碳能力，是一项公益性特点突出的事业，具有很强的社会性和政策性，所以，采取切实有效的政策措施很重要的。从目前的情况来看，虽然林地合理利用对减缓气候变化具有独特的作用，在技术上和经济上均可行，然而由于目前林业发展的相关政策不够，加上现行法律法规的不完善导致良好制度的执行力尚显不足，无法形成有效的激励，造成林地在气候变化中的作用无法得到充分发挥。因此，在林业方面，应该强化中央林业行政管理机构建设，增强林业公共服务、宏观调控的政府职能，有针对性地实行政策制度的制定与创新，充分发挥林业在应对气候变暖中的独特作用，包括建立和完善森林资源和温室气体监测技术与系统、合理开发利用森林资源、制定土地规划、大量造林等。此外，鉴于林业在碳汇交易中的重要作用，国家应该将林业固碳摆上应有的位置，纳入国家应对气候变化战略和行动框架，做到工业减排和生物固碳同行，重视碳汇林业发展，实行造林补贴政策，完善税收政策，吸引社会资金投资造林；完善生态公益林的生态补偿制度；落实森林分类经营改革；充分利用《京都议定书》形成的经济机制，完善"谁排放，谁负担"、"谁减排，谁受益"的制度，建立国内碳汇交易机制；采取经济手段减排，促进排放大户企业投资发展林业等等，以充分发挥林业碳吸收的巨大潜力。

政府在低碳技术的创新与发展中具有重要作用。今后10~20年是对低碳技术创新投资的高峰时期，若对低碳技术的投资以每年200亿美元的规模推进，低碳技术的战略组合就会随之得到最佳配置(蔡林海，2009)。但是对低碳技术的投入具有较大的风险，因此，在低碳技术拟进入市场的初期阶段，政府的直接投资及其带来的引导作用就显得十分重要。另外，政府还可以通过建立相关的激励机制来促进技术的转让，例如在农业方面，政府可以通过改善国家农业信息系统传播环境无害化技术，和扩大信贷和储蓄方案帮助农民对付不断增加的环境变化；鼓励创新，保护知识产权；避免滥用技术，促进环境无害化技术的转让；对技术的社会影响进行评估以使得该技术的转让和投资满足现实需求；确定财产所有权、参与森林管理、采用资金鼓励和非鼓励机制、加强监测和评估；建立包括对土壤碳储量的调查和早期预警系统在内的国家农业研究系统等等。

对于一些重点领域如新能源上，政府应该加大扶持的力度。中国《可再生能源中长期规划》中明确规定了风能、太阳能和生物质能等几类新能源的发展目标，从目前实施情况来看，生物质能是唯一没能如期完成规划中全部指标的新能源行业。国家应该加大资金投入，增加对生物质能的扶持力度，否则会使研究者缺乏研发的兴趣。由于生物质能在国家上的技术研发也只是处在一个起步阶段，各国都在积极开拓生物质能这一方面的领域，对于中国来说，应该抓住这样的机会，否则就会在新兴技术领域落后于他人，因此，应该加大对目前薄弱的技术研发的投入和支持。

国际合作方面，政府应该积极推进国际减少合作机制，对适应气候变化的相关技术进行合作、研发、应用和转让。在这个过程中，政府应该在国际形势基础上，努力消除技术合作过程中可能存在的政策、资金和知识产权等诸多方面的阻碍，多提供激励措施以保证技术转让和合作的有效的顺利地进行。

第三节　以技术进步为基础，大力发展农地利用中的低碳技术

发展低碳经济需要依靠科技的更新和进步。奥巴马总统在美国国会的演讲中曾经说过，掌握低碳技术与可再生能源之命脉的国家将主导21世纪。目前中国先进技术的严重缺乏与落后的工艺技术的大量使用是造成中国能源效率较低和碳排放强度较高的主要原因之一，低碳技术的研究开发和创新有助于解决上述问题。中国现在增长进行大规模的能源、交通和建筑等基础设施建设，如果没有及时开发和利用有助于减少碳排放的先进技术，那么这些基础设施在未来几十年内都可能会造成碳的高排放。因此，中国应对气候变化的严峻挑战对中国的技术进步提出了更新的要求，例如优先发展先进适用技术；加强前沿技术研究；加强国际科技合作，促进国际技术转让；跟踪分析当今的国际低碳技术发展潮流，具有前瞻性地发展低碳技术。与传统性技术(高碳技术)相比，低碳技术的成本会高许多，但是如果通过制定减缓碳排放的技术政策，通过政府的直接投资和引导使得低碳技术的生产量增加，那么随着规模的普及，边际成本会减少从而使得总成本降低。

低碳经济涵盖范围广泛，涉及许多领域的技术改进。在农地利用方面，要实现农业的持续发展，实现科学利用和有效保护的“双赢”，归根结底需要强有力的科技支撑。从低碳经济的视角出发，可以鼓励和促进开发利用以下一些先进的适用的技术。

一、生态化技术体系

生态化技术体系为低碳经济视野下的农地利用模式创新提供了新的思路。生态化技术在国内外已经有所发展，日本的循环生态农场就是个最为典型的例子。曾经获得日本农林水产省最高奖励即农林水产大臣奖的国分农场就是利用了生态化技术将农场建成循环的、生态的农场。农场基于生态链原理，利用生物科学与技术，依托产学研结合，以周边的菜农、饭店等结合在一起，形成了养殖业(主业育肥牛)+生物有机肥料(利用牛粪和与大学合作而自行研制的“生命活化液”)

+加工业(生产酵母发酵饲料)+餐饮业(与附近饭店合作，帮助处理饭店的残羹剩饭，同时让饭店将发酵肥推荐给菜农)+种植业(组织当地菜农利用农场生产的有机肥种植“有机白萝卜”)的循环经济模式。当依托这种生态化技术体系的循环经济形成规模后，边际成本递减，对于农场、饭店和菜农和消费者都有好处，不仅增加了各方的收入，也改善了环境和节约了资源，真正实现了三大效益的有机统一。

二、绿色技术体系

绿色技术体系包括绿肥、有机肥的使用，适应低碳的新品种的培育和推广、进行生物防治、减少高碳的化肥与农药等。例如根据我国农业生产实际和未来气候变化趋势，培育或者引进具有对高温、干旱等极端气候有抗性的品种，扩大碳的吸收存储等。这样，一方面减少环境污染，另一方面则有助于保障食品安全，提高生活质量和健康水平。

绿色技术体系的实施并不意味着粮食产量的减少，新兴的技术可以做到两者兼顾，例如，新近开发的一项“节氮超高产栽培”技术就可以有效地实现保证粮食生产的同时减少化肥的使用。该技术针对的是杂交水稻及其施肥方式。杂交水稻的发明和推广应用对我国的粮食供给起到了重大的作用，其中，化肥的使用能提高产量和质量，但是，在杂交水稻产量已经大幅度提高的情况下，施用太多化肥不仅无益，反而会对杂交水稻的继续发展产生一定的阻碍。我国水稻氮肥施用量近年来急剧增加，但是吸收利用率很低，而且，化肥中约有60%会排入周围环境，造成污染。因此，这个新的“节氮超高产栽培”技术正在研究和发展，该技术核心主要是从基因挖潜(选育产量高且生态适应性较广的优良品种)、先进施肥技术的应用和技术物化(将提高氮肥利用率等技术以物化产品的形式出现)①，现在，这个技术正面临推广和应用，如果能得到广泛的应用，就可以在保证粮食产量的同时减少化肥的使用，从而减少温室气体以及其他污染的产生。

三、新能源及其产业群技术

对于低碳经济，实现传统能源的减排固然十分重要，但是新能源及其产业群的发展所起到的作用也不容忽视，相关技术的研发和推广对于低碳经济具有重要的推动作用。

近年来，由于新能源技术的日渐成熟，太阳能、水能和风能已经开始在全球

① 陈瑜. 杂交水稻何以节氮又高产[N]. 科技日报，2010-02-05。

扩大使用范围。例如，全球太阳能光伏产业已出现晶硅电池、薄膜电池、燃料敏化电池及有机物电池等多种发展路径并存的局面。伴随太阳能电池组件转换效率的不断提高，电池组件的成本持续降低，相关设备及工艺技术不断获得突破，产业整体规模逐年扩大。又如，风能的技术也已经相当成熟，欧洲、美国等发达国家的风能产业技术发展已相当成熟，随着风能装置中翼板尺寸和控制技术的进步，其成本已经加剧下降，加上各国政府的政策支持，风力发电的数量已经在世界范围内大幅增加。今后，随着超大功率风电机组(7～20MW)成为未来发展的主导趋势，其产业发展已步入快速成长期(程家瑜等，2010)。

在农业方面，新能源中的生物质能源大有可为。2005 年，美国以玉米等粮食作物为原料生产了燃料乙醚，以大豆、油菜子等油料作物为原料生产了生物柴油。但是，为了避免与粮争地，本书认为利用林地作为生物质能源的来源更为合适。例如，我国现有的部分宜林荒山荒地都可以用来营造木质和油料能源林，生产生物柴油等新能源。

四、农业“低碳”技术

农业生产中，大量的化肥、农业、电力和柴油等生产要素的投入实际上就是能源的投入，因此推进农业和农村节能减排，促进农业节本增效，不仅有利于转变农业发展方式，也在低碳经济的发展中发挥重要作用，而农业的节能减排要依靠相关技术的开发、利用和推广。在农业方面的“低碳”技术通过调控农业生产方式和土地利用方式减少碳排放，主要包括改变培育推广优良品种，保护和改良土壤对农作物副产品进行深加工利用，推广秸秆过腹还田、发展沼气；加强生物能源的商品化技术的研究与推广；发展喷灌、滴灌等高效节水农业技术、新型肥料与农作物病虫害防治技术、农业灾害等观测与预警技术；并加强农业系统的碳汇科学技术的研究推广。发展林业的基因工程技术，对树种进行遗传品质改良，定向培育出能适应不同气候和环境条件并具有较高的 CO_2吸收率的速生短轮伐期的新品种；湿地生态系统的恢复与重建技术等。具体的技术见表 8-2 所示。

表 8-1　主要的农业“低碳”技术

农田(主要是稻田)	低排放的高产水稻品质选育技术，科学灌溉技术，微生物技术
林业	林业生物固碳技术和各类固碳工程技术；基因技术
畜牧业	优良反刍动物品种技术，规模化饲养管理技术
肥料	环保型肥料技术
农村废弃物	秸秆还田等保护性耕作技术，秸秆处理户用沼气技术

资料来源：樊纲主编．走向低碳发展：中国与世界[M]．北京：中国经济出版社，2010

五、碳汇技术

从广义上说，碳汇技术是指从大气中吸收CO_2的过程和机制，主要是通过碳捕获技术将大气中由工业和能源产业所生产的CO_2分离出来，进而经由碳储存技术将其封存。从目前的情况来看，该项技术，特别是碳储存技术还尚未成熟。因此，我国应该高度重视碳汇技术的开发，特别是更加深入地研究森林碳汇，以发展低碳经济。

六、吸收借鉴国外先进技术

对我国而言，借鉴国外的先进技术，对相关的技术转让抱持欢迎和学习的态度，对于技术的升级从而影响农地利用也是十分重要的。IPCC第三工作组特别报告指出，为实现气候公约的目标并减少气候变化影响的脆弱性，需要革新技术并努力转让环境无害技术，以限制温室气体排放并适应气候变化。在农地方面，IPCC主张建立基于改进作物品种、灌溉设施、不同的耕作和作物管理系统；动物粪便处理包括沼气收集系统等方面的信息系统；发展回收利用和生物质能技术等将有助于减少CO_2排放的不同系统和技术。

第四节　加大人力资本投资

所谓人力资本投资，是指在人的身上所进行的旨在提高劳动能力的投资。这种劳动能力，包含体力和脑力两个方面。经济学中人力资本投资效果和重要性反复为实践所证实，对人的投资的回报率高于其他任何物资资本的投资。

舒尔茨是人力资本理论的倡导者之一，在《改造传统农业》一书中，他指出"资本不仅包括作为生产资料的物，还包括作为劳动的人"。"各种历史资料都表明，农民的技能和知识水平与其耕作的生产率之间存在着密切的正相关关系。人力资本投资的形式包括体力和脑力两个方面，提高健康水平是体力方面的投资，而教育、培训属于脑力方面的人力资本投资。

世界各国的经验都证实了人力资本投资的良好效果。在体力方面，一项在斯里兰卡的研究显示，营养水平和工资呈现正相关关系，以男性劳动为例，卡路里摄取量每增加10%，其在劳动市场上的工资水平就提高2%（萨思·阿尔曼德，

1988)。脑力方面，教育投资具有社会和私人双方面的回报率(见表8-2)。农业职业培训与农业生产过程更为紧密，因此回报率更高，根据美国农业中在职教育的一项研究，在两年的时间内，每增加100美元的在职教育发展支出，可以使农产品产值提高2173美元，对发展中国家的类似研究也有类似的结论。

表8-2 教育投资的社会和私人回报率

	私人回报			社会回报		
	初等教育	中等教育	高等教育	初等教育	中等教育	高等教育
亚洲	34	15	18	18	14	12
非洲	45	28	33	27	19	14
拉丁美洲	61	28	26	35	19	16

资料来源：联合国粮安组织，《农业面向2010年》，2009。

中国的农业发展面临着农地数量和质量的双方面考验，而且，若要实现农地利用的转变，制度、思想观念、市场均不可少，这都是需要农民参与。参考日本的例子，日本证明了依靠现代技术和知识运用于农业生产能取得什么成就，日本在1880~1938年间对“乡村教育和农业的研究、开发和推广所进行的投资”每年产生的收益率是35%(安东尼·M·唐，1936)。

在农地利用的低碳化过程中，农户是至关重要的因素，这是因为农民作为农业产业中最重要的人力资本，他们的行为很大程度上决定了农业产业的发展。任何产业的发展都要受到资源的束缚，农业也不例外，今天我们既观察的有形资源大多都是有限的，并且会出现投资的边际效益递减，但人力资本的投资却是例外，对人力资本的投资，其回报永远不会递减，甚至可以说，人的能力的增强，可以突破任何有形资源的限制，对于农业来说，“只要有适当的刺激，农民可以点石成金”。

在舒尔茨看来，通过人力资本的提高，土地等自然资源是可以被其他可再生的生产要素所替代。速水佑次郎和拉坦提出的“诱致性技术变迁理论”也指出，借助市场机制的引导，任何稀缺的生产要素，都可以通过技术创新为其他要素以替代，这意味着，同样数量的土地可以搭配更多的资本要素(物质资本和人力资本)以取得更高的生产率。可以说，为了更好地使农民行为低碳化，特别是意识，并使用低碳技术，农民的人力资本投资必不可少。

因此，我们有必要增加人力资本投资。首先，要大力发展农村基础教育，为培养新一代农民打好坚实的基础，日后教育的回报率会日渐呈现出来。其次，职业培训方面，应该充分利用现有的职业技术学校和职业中学，同时发挥农业推广组织的作用，对农村劳动力进行培训，把农业科技(当然包括那些低碳技术)由潜在的生产力转化为现实的生产力。再次，农民技术协会的发展也有助于传递信息，交流生产经验和技术，在提高农民素质方面也可以起到重要的作用。最后，要提高农民的健康水平，这需要改善农村的医疗卫生条件和文化体育设施等，让农民的一些常见病能及时就近得到治疗，改善农村文化体育设备，让农民得以进行一些有益身心健康的活动。

第五节　建立和完善相关法律

立法和政策是实现战略目标的保证。应对气候变化，包括中国在内的许多国家都已经开始制定相应的法律法规来确保减排的目标。例如，英国在1997年就以应对气候变化为最优先的课题，制定了《气候变化法案》，2008年1月，欧盟公布并由欧洲议会审议后最终成立了“气候变化与能源一揽子法案”；日本在1998年就制定并公布了“地球变暖对策推进法”；2009年3月，美国众议院能源委员会向国会提出了“2009年美国绿色能源与安全保障法”。

为了更好地促进低碳经济的发展，我国应该完善有利于减缓和适应气候变化的相应法规，推进应对气候变化的工作，贯彻执行《中国应对气候变化国家方案》。在农业领域，应该加强制定和实施农业减排的法律法规，如在现有的《农业法》、《中华人民共和国土地管理法》、《中华人民共和国草原法》和《中华人民共和国森林法》等多项法律的基础上，加快进行农田、草原保护的规划，控制对生态环境脆弱地区的开垦，禁止随意毁坏草地，制定天然林保护条例和林木林地使用权流转条例等，通过各种法律法规相互配合，建立能够改善农业生产力和增加农地生态系统碳吸收能力的法律法规。

第六节　加大宣传和引导力度

不同的经济发展水平会导致对低碳经济的理念的理解不同。政府部门应该要采取措施来提高全国社会各界对气候变化和低碳经济的意识，首先就是提高政府工作人员和企事业单位负责人的意识。应该把气候变化作为全国科普宣传的重要内容，加强宣传和示范引导，让普罗大众认识到气候变暖会带来的重大影响。从政府工作上说，应该把提高公众对于气候变化的了解作为一项重要工作，建立具有较高气候变化意识的领导干部队伍，提高企事业单位决策者的气候变化意识，并充分利用各种媒体宣传普及气候变化知识以及我国所面临的挑战和所采取的应对措施。如果伴随着信息和政策的实施，能让愈来愈多的人了解并相信全球变暖的存在和低碳经济的必要性，它就会成为一种流行的理念，甚至是一种价值观，直接或者间接地影响人们的行为。

低碳经济的发展并非单靠政府作用就能够实现的，还要依靠企业和社会公众的协同努力。由此，政府要担负起引导企业走低碳化生产、社会公众进入低碳生活方式的重责。一方面，政府应当加大低碳生产方面的宣传，促使企业认清低碳发展的前景，引导企业自觉改变高能耗、高投入、高污染的传统生产方式，转向走低能耗、低投入、低污染的新型低碳生产道路。同时通过补贴、税收优惠等激励政策帮助企业进行技术革新，产业结构优化，转向节能减排和可再生能源等新型产业开发，提高能源利用效率，从而降低企业生产成本，最终实现企业可持续经营。此外，应当通过政府采购引导企业走低碳化生产道路，优先采购那些有通过生态设计或环境标志、清洁生产审计等低碳认证的产品，迫使企业生产低碳产品；另一方面，作为引导者，政府应当鼓励和倡导社会公众开展低碳生活方式，灌输节电、节水、垃圾分类和资源循环利用等观念，树立节约消费理念，让社会公众养成一种节俭、节约、节能的生活习惯，使得“低碳”真正深入人心。此外，还要鼓励社会公众行使监督的权利，对于那些勇于揭发政府或企业在环境保护中的不当行为的人们，给予一定的奖励。通过这种方式让社会公众更广泛的参与到低碳经济的发展中来。

在农业方面，政府应该通过更多的宣传教育，提高公众对森林、湿地等农地在减轻我国所面临的温室气体减排压力和低碳经济发展中的重要作用，使民众充分认识到更多的森林和湿地资源有助于保持国土生态安全，还可以提供更多的生态产品，提高人民的生活质量，从而推进社会主义新农村建设。

参考文献

[1]A·施密特. 马克思的自然概念[M]. 欧力同，吴仲，译. 北京：商务印书馆，1988：22

[2]Bakker M M, Govers G, van Doorn A, et al. The response of oil erosion and sediment export to land-use change in four areas ofEurope: The importance of landscape pattern [J]. Geomorphology, 2008, 98(3 /4): 213~226

[3]Bastianoni S, Pulselli, F M, Tiezzi, E. The problem of assigning responsibility for green house gas emissions[J]. Ecological Economics, 2004, 49(3)

[4]Benayas J M R, Martins A, Nicolau JM, et al. Abandonment of agricultural land: An overview of drivers and consequences[R]. CAB Reviews: Perspectives in Agriculture, Veterinary Science, Nutrition and Natural Resources, 2007(57)

[5]Beth Middleton. Wetland Restoration-Flood Pulsing and Disturbance Dynamies[M]. John Wiley & Sons, Inc, 1999

[6]Birgitte Hansen, Hugo Fjelsted Alroe , d Erik Steen Kristensen. Approaches to assess the environmental impact of organic farming with particular regard to Denmark Agriculture. Ecosystems & Environment[J], 2001, 83(1) : 11~26

[7]Brown B. Global sustainability: toward definition[J]. Environ. Management, 1987, 11(6): 713~719

[8]Burgi M, Turner M G. Factors and processes shaping land coverand land cover changes along the W isconsin river[J]. Ecosys-tems, 2002(2): 184~201

[9]Chan K Y, Heenan D P, So H B. Sequestration of carbon and changes in soil quality under conservation tillage on light-textured soils in Australia: a review. Australian Journal of Experimental Agriculture. 2003, 43(4): 325

[10]Costanza R, d' Arge R, de Groot R, et al. The value of the world ecosystem services and natural capital[J]. Nature, 1997, 387: 255~260

[11]Daily G C. Natures services: Societal Dependence on Natural Ecosystems[M]. Washington D C: Island Press, 1997

[12]Daly H, etc. Valuing the earth: economics, ecology, ethics [M]. Massachusetts: The MIT Press, 1993: 57~59

[13] Davis S M, Ogden J C. Everglades-The Ecosystem and its Restoration [M]. St. Lucie Press, 1994

[14] Drake L. The non-market value of the Swedish agricultural landscape[J]. European Review of Agricultural Economics, 1992, 19(3): 351~364

[15] DTI (Department of Trade and Industry). UK Energy White Paper: Our energy future – creating a low carbon economy. TSO(The Stationery Office), 2003

[16] Environmental advisory council of Sweden. Decoupling – past trends and prospects for the future [R]. Stockholm, 2002.

[17] F E Rhoton, M. J. Shipitalo, D L Lindbo. Runoff and soil loss from midwestern and southeastern US silt loam soils as affected by tillage practice and soil organic matter content [J]. Soil and Tillage Research. 2002, 66(6): 1~11.

[18] Ferguson A R B. Comments on eco-footprinting [J]. Eeological Eeonomics, 2001, 37(1): 1~2

[19] Foley JA, DeFries R, AsnerG P, et al. Global consequences of land use[J]. Science, 2005, 309(5734): 570~574

[20] Gene M Grossman, Alan B Krueger. Economic Growth and the Enviroment [EB/OL]. www. jstor. org

[21] Grau R H, Alde T M. Are rural – urban migration and sustainable development compatible in mountain systems[J]. Mountain Research and Development, 2007, 27(2): 119~123

[22] Haberl H, Wackernagel M, Krausmann F, et al. Ecological footprints and human appropriation of net primary production: a comparison[J]. Land Use Policy, 2004, 21(3): 279~288

[23] Halstead J M. Measuring the nonmarket value of Massachusetts agricultural land: a case study [J]. Northeast Journal of Agriculture and Resource Economics, 1984, 14(1): 12~19

[24] Hasselmann K, Latif M, Hooss G, e tal. The Challenge of long-term climate change[J]. Science, 2003(302)

[25] IGBP report No24 & HDP report No5. Relating Land Use and Global Land Cover Change. International Geosphere – Bio – sphere Program. Stockholm, 1993

[26] Ingrid Takken, Gerard Govers, Victor Jetten, etc. Effects of tillage on runoff and erosion patterns[J]. Soil and Tillage Research, 2001, 61(1 –2): 55~60.

[27] IPCC. Climate Change 2007: The Physical Science Basis[R]. IPCC Secretariat, 2007.

[28] JIE Wei, TIAN Junliang, HE Xiubin. Decoupling indicators of soil erosion for agroecosystem assessment[R]. Agrifood Research Reports 68, 32~42.

[29] John Ballingall, Doug Steel, Phil Briggs. Decoupling economic activity and transport growth: the state of play inNew Zealand[R]. 26thAustralasian Transport Research Forum, Wellington, NewZealand, 2003.

[30] Kusler J A, Kentula M E. Wetland Creation and Restoration – the State of the Science[M]. Island Press, 1995

[31] L R Bulluck, M Brosius, G K Evanylo. Organic and synthetic fertility amendments influence soil

microbial, physical and chemical properties on organic and conventional farms. Applied Soil Ecology. Volume 19, Issue 2, February, 2002: 147~160

[32] Lenzen M, Murray S A. A modified ecological footprint method and its application to Australia [J]. Ecological Economics, 2001, 37(2): 229~255

[33] Mac Donald D, Crabtree J R, Wiesinger G, e tal. Agricultural abandonment in mountain areas ofEurope: Environmental conesquences and policy response [J]. Journal of Environmental Management, 2000, 59(1): 47~69

[34] Mather A S, Fairbairn J, Needle C L. The course and drivers of the forest transition: The case of France[J]. Journal of Rural Studies, 1999, 15(1): 65~90.

[35] Matson P A, Parton W J, Power A G, et al. Agricultural intensification and ecosystem properties [J]. Science, 1997, 277(5325): 504~509

[36] OECD. Decoupling economic growth and transport demand[R]. Paris: OECD, 2003.

[37] OECD. Decoupling: a conceptual overview[R]. Paris: OECD, 2001.

[38] OECD. Decoupling: illustrating some open questions on the production impact of different policy instruments[R]. Paris: OECD, 2005.

[39] OECD. Effects of quantitative constraints on the degree of decoupling of crop support measures [R]. Paris: OECD, 2003.

[40] OECD. Indicators to measure decoupling of environmental pressure from economic growth[R]. Paris: OECD, 2002.

[41] OECD. Modeling the impact of agricultural policies on farm investments under uncertainty: the case of the cap arable crop regime[R]. Paris: OECD, 2005.

[42] OECD. OECD-China seminar on environmental indicators proceedings[R]. Paris: OECD, 2005.

[43] Pearce D, et al. Sustainable Development, economics and environment in the thirdworld[M]. Eduard ELGAR publishing Ltd, 1990: 42~43

[44] Pearson C. Down to business: Multinationals, the Environment and Development[M]. Washington D C.: World Resources Institute, 1985: 134~150

[45] Petri Tapio. Towards a theory of decoupling: degrees of decoupling in the EU and case of road traffic in Finland between 1970 and 2001[J]. Transport Policy, 2005(12): 137~151

[46] P Ekins. The U K's Transition to a Low - carbon Economy [J]. Forum for the Future, June, 2001.

[47] Redfield G W. Ecological research for aquatic science and environmental restoration in South Florida[J]. Ecological Applications, 2000, 10(4): 900~1005

[48] Sylvie Larose, Jonathan Price, et al. Rewetting of acutover peatland: hydrologic assessment [J]. Wetlands, 1997, 17(3): 416~424

[49] Tapio Petri. Towards a Theory of Decoupling: Degrees of Decoupling in the EU and the Case of Road traffic in Finland Between 1970 and 2001[J]. Transport Policy, 2005(12): 114~119

[50] Templet P H. Externalities, subsidies and the ecological footprint: An empirical analysis [J].

Ecological Economics, 2000, 32(3): 381 ~ 383
[51]Tiffen M, Mortimore M, Gichuki F. More People, Less Erosion: Environmental Recovery inKenya [M]. Chichester: John Wileyand Sons, 1994
[52]Tilman D. Global environmental impacts of agricultural expansion: The need for sustainable and efficient practices [J]. PNAS, 1999, 96(11): 5995 ~ 6000
[53]Torras M. An ecological footprint approach to external debt relief [J]. World Development, 2003, 31(12): 2161 ~ 2171
[54]U M Sainju, B P Singh, W F Whitehead. Long-term effects of tillage, cover crops, and nitrogen fertilization on organic carbon and nitrogen concentrations in sandy loam soils inGeorgia, USA [J]. Soil and Tillage Research, 2002, 63(3 – 4): 167 ~ 179
[55]Van Vuuren D P, Smeets E M W. Ecological footprints of Benin, Bhutan, Costa Rica and the Netherlands[J]. Ecological Economics, 2000, 34(1): 115 ~ 130
[56]Wackernagel M, Onisto L, Bello P, et al. National natural capital accounting with the ecological footprint concept[J]. Ecological Economics, 1999, 29(3): 375 ~ 390
[57]WCED. Our Common Future[M]. Oxford Univesity Press, 1987: 34 ~ 37
[58]Wileox D A, Whillans T H. Techniques for restoration of disturbed coastal wetlands of the Great lakes [J]. Wetlands, 1999, 19(4): 716 ~ 732
[59]刘易斯．经济增长理论[M]．北京：商务印书馆，1983
[60]2050 中国能源和碳排放研究课题组．2050 中国能源和碳排放报告[M]．北京：科学出版社，2009
[61]阿历山大罗夫．辩证唯物主义[M]．北京：人民出版社，1954
[62]安东尼·M·唐．《1880 ~ 1938 年日本农业生产发展中的研究与教育．经济研究季刊．第 1 部分，1936，2；第 2 部分，1963，5
[63]蔡昉．穷人的经济学：农业依然是基础[M]．北京：社会科学文献出版社，2007
[64]蔡林海．低碳经济大格局[M]．北京：经济科学出版社，2009
[65]蔡运龙．中国经济高速发展中的耕地问题[J]．资源科学，2000，22(3)：22 ~ 28
[66]陈年红．我国可持续发展评价指标体系研究[J]．技术经济，2000(3)：36 ~ 38
[67]陈遐林．华北主要森林类型的碳汇功能研究[D]．北京：北京林业大学，2003
[68]陈叙图．我国尚不具备建立森林碳汇交易市场的条件——质疑“广州拟建立森林碳汇交易平台”[N]．中国绿色时报，2008 – 05 – 15
[69]陈宜瑜．中国湿地研究[M]．长春：吉林科学技术出版社，1995
[70]陈佑启，杨鹏．国际上土地利用/土地覆盖变化研究的新进展[J]．经济地理，2001(1)：95 ~ 100
[71]陈征，李建平，李建建，郭铁民．《资本论》与当代中国经济[M]．北京：社会科学文献出版社．
[72]陈征．《资本论》和中国特色社会主义经济研究[M]．太原：山西经济出版社，2005
[73]陈征．《资本论》解说[M]．福州：福建人民出版社，1997

[74]程家瑜等．当前信息_ 生物和新能源产业技术创新特点分析．中国科技论坛，2010
[75]程克群，等．低碳经济背景下循环农业发展模式的创新应用——以安徽为例[J]．科技进步与对策，2010
[76]程序，等．可持续农业导论[M] 北京：农业出版社，1997
[77]程远．中国农村环境保护与垃圾处置经济学研究[D]．上海：复旦大学，2004
[78]丹一．转变经济增长模式：俄罗斯的当务之急[EB\OL]．http：//www. chinanews. com/fortune/2011/01－31/2823211. shtml，2011－01－31.
[79]邓清禄，黄纪辛，朱照宇．广东省耕地转化及其效益变化趋势分析[J]．中国人口、资源与环境，2002，12(5)：108～110
[80]丁继武．减缓农业温室气体排放[N]．中国气象报，2009－03－20
[81]丁一汇．应对气候变暖 中国面临挑战[N]．中国环境报，2007－06－14
[82]董红敏，等．农村户用沼气 CDM 项目温室气体减排潜力[J]．农业工程学报，2009
[83]杜玲，陈建成．关于加速发展我国林业生物质能源的思考[J]．中国科技论坛，2010
[84]恩格斯．自然辩证法[M]．北京：人民出版社，1984：305
[85]樊纲．走向低碳发展：北京：北京：中国与世界[M]．北京：中国经济出版社，2009
[86]樊纲．走向低碳发展：中国与世界[M]．北京：中国经济出版社，2010：14
[87]范小玉．我国农业用地利用状况、问题与建议[J]．统计研究，1997(1)：29～32
[88]方精云，等．1981～2000 年中国陆地植被碳汇的估算[J]．中国科学，D 辑，2007，37(6)
[89]冯之浚，周荣，张倩．低碳经济的若干思考[J]．中国软科学，2009(12)：18 － 23.
[90]冯之浚，周荣．低碳经济：中国实现绿色发展的根本途径[J]．中国人口、资源与环境，2010，4
[91]付允，马永欢，刘怡君，等．低碳经济的发展模式研究[J]．中国人口·资源与环境，2008(3)：14～18.
[92]傅伯杰，陈利顶，等．黄土丘陵区小流域土地利用变化对生态环境的影响[J]．地理学报，2000(3)：241～246
[93]高云峰．北京山区森林资源价值评估[D]．北京：中国农业大学，2005
[94]顾丁锡．二十年来太湖生态环境状况的若干变化[J]．上海师范学院学报(环境保护专辑)，1983：50～59
[95]郭李萍．农田温室气体排放通量与土壤碳汇研究[D]．北京：中国农业科学院，2000
[96]国际统计年鉴，2011
[97]国家林业局，等．中国湿地保护行动计划[M]．北京：中国林业出版社，2000
[98]国家林业局应对气候变暖课题组．高度重视发挥林业在应对气候变暖中的重大作用[J]．绿色中国，2007(3)：46～49
[99]胡鞍钢、管清友．中国应对全球气候变化的四大可行性[J]．新华文摘．2009(4)：36～40
[100]胡培兆．生态农业与无税农业[J]．学术月刊，2004(8)：54～58
[101]胡雪萍，周润．国外发展低碳经济的经验及对我国的启示[J]．中南财经政法大学学报，2011，(01)：16－20.

[102]黄鸿翔，等．我国有机肥的现状与发展前景分析[J]．土壤肥料，2006(1)：3~8
[103]黄铁青，张养贞，等．可持续发展评价初探[J]．地理科学，2002，(4)：156~161
[104]霍雅勤，蔡运龙．耕地资源价值的评估与重建——以甘肃省会宁县为例．干旱区资源与环境，2003，17(5)：81~85
[105]霍雅勤，蔡运龙，王瑛．耕地对农民的效用考察及耕地功能分析[J]．中国人口资源与环境，2004，14(3)：105~108.
[106]贾治邦.2008 年林业重大问题调查研究报告[C]．北京：中国林业出版社，2009
[107]贾治邦．湿地生态系统对经济社会可持续发展的重大作用[A].//林业重大问题调查研究报告[C]，北京：中国林业出版社，2009
[108]蒋高明，等．农业与低碳经济：生态学主导的新农业革命与大粮食安全[A]．张坤民，等．低碳经济论[M]．北京：中国环境科学出版社，2008
[109]蒋延玲，周广胜．中国主要森林生态系统公益的研究[J]．植物生态学报，1999，23(5)：426~432
[110]金相灿，等．中国湖泊环境(第一册)[M]．北京：中国环境科学出版社，1995
[111]康晓光，等．农业与发展－中国农业若干问题研究[M]．北京：北京大学出版社，1993
[112]李宏．生态足迹理论及其应用研究[D]．兰州：兰州大学，2006
[113]李洪文，胡立峰．保护性耕作的生态环境效应[M]．北京：中国农业科学技术出版社，2008：2
[114]李建平.《资本论》第一卷辩证法探索[M]．北京：社会科学文献出版社，2006
[115]李克强．积极发展新能源和节能环保等战略性新兴产业[N]．中国财经报，2009－05－21
[116]李胜，陈晓春．低碳经济：内涵体系与政策创新[J]．科技管理研究，2009(10)：41~44
[117]李秀彬．农地利用变化假说与相关的环境效应命题[J]．地球科学进展，2008，11：1124~1129
[118]李周．生态经济理论与实践进展[J]．林业经济，2008(8)：10~16
[119]廖福霖，陈如凯．海峡西岸经济区生物质工程产业研究[M]．北京：中国林业出版社，2007：3~4
[120]廖福霖．海峡西岸发展生物质能产业的机遇与挑战[J]．林业经济问题，2007(8)：303~306
[121]廖福霖．生态生产力导论[M]．北京：中国林业出版社，2007
[122]廖红英，孙志威．发达国家低碳政策对我国经济发展的启示[J]．生态经济，2011，(05)：72－76，99.
[123]林卿．农地利用问题研究[M]．北京：中国农业出版社，2003
[124]林卿．农业经济可持续发展论[M]．北京：中国环境科学出版社.2002
[125]林毅夫．制度技和中国农业发展[M]．北京：三联出版社，1993.
[126]林幼平，等．可持续发展研究综述[J]．经济评论，1997(6)：86~90
[127]刘传祥．可持续发展的基本理论分析[J]．中国人口资源与环境，1996，(2)：3~4
[128]刘建康．东湖生态学研究(二)[M]．北京：科学出版社，1995
[129]刘建康．东湖生态学研究(一)[M]．北京：科学出版社，1990

[130]刘思华. 可持续农业经济发展论[M]. 北京：中国环境科学出版社 2002.
[131]刘卫东，等. 国低碳经济发展框架与科学基础[M]. 北京：商务印书馆，2010
[132]刘细良. 低碳经济与人类社会发展[N]. 光明日报，2009 - 04 - 21
[133]刘贤奇. 论社会可持续发展理论和战略选择[J]. 吉林大学社会科学学报，1996，(6)：9~14
[134]刘上洋. 试论世界经济格局变化与我国经济发展方式转变[EB \ OL]. http：//news. sohu. com/20110117/n278919930. shtml，2011 - 01 - 17.
[135]刘兴土，黄锡畴. 三江平原地区的生态环境和沼泽生态农业开发[J]. 地理学与国土研究，1989，5(2)：12~18.
[136]刘振清. 走向科学发展_ 改革开放以来中国林业发展道路演进[D]. 北京：中共中央党校，2007
[137]龙花楼. 土地利用转型——土地利用/覆被变化综合研究的新途径[J]. 地理与地理信息科学，2003，19(1)：88~90
[138]马克思. 资本论[M]. 北京：人民出版社，1975
[139]毛世英. 低碳经济中若干矛盾的哲学思考[J]. 人民论坛，2010，(10)：98~99.
[140]闵捷，张安录. 大连市农地利用中的生态问题探讨[J]. 水土保持研究，2006(3)：60~62
[141]倪志英. 大小兴安岭退化森林湿地过渡带群落恢复与重建途径及模式研究[D]. 哈尔滨：东北林业大学，2007
[142]欧阳志云，王如松，赵景柱. 生态系统服务功能及其生态经济价值评价[J]. 应用生态学报，1999，10(5)：625~640
[143]彭明喜. 有机农业有助于控制全球气候的变化[J]. 世界农业，2007(2)：59~60.
[144]萨思·阿尔曼德. 发展中国家人力资本对工资的影响和劳动供给的决定因素. 发展经济学杂志，1988，29(2)
[145]邵月红，等. 长期施用有机肥对瘠薄红壤有效碳库及碳库管理指数的影响[J]. 土壤通报，2005(2)：30~34
[146]史培军，陈晋，等. 深圳市土地利用变化机制分析[J]. 地理学报，2000(2)：151~160
[147]史培军，苏筠，等. 土地利用变化对农业自然灾害灾情的影响机制(Ⅰ)[J]. 自然灾害学报，1999，(1)：1~10
[148]世界银行. 以农业促发展，2008 年世界发展报告[M]. 北京：清华大学出版社，2009
[149]西奥多·W·舒尔茨. 改造传统农业[M]. 梁小民，译. 北京：商务印书馆，2003
[150]水常青，等. 国内外可持续发展能力的指标体系研究述评[J]. 浙江统计，2004(12)：19~20
[151]宋成华. 中国新能源的开发现状、问题与对策[J]. 学术交流，2010(03)：57 - 60.
[152]宋德勇，卢忠宝. 我国发展低碳经济的政策工具创新[J]. 华中科技大学报，2009(3)：85~91
[153]孙颌，石玉林. 中国农业土地利用[M]. 南京：江苏科学技术出版社，2003
[154]孙新章，周海林，谢高地. 中国农田生态系统的服务功能及其经济价值[J]. 中国人口、

资源与环境，2007，17(4)：55~60

[155]谭永忠，等．耕地总量动态平衡－政策驱动下中国的耕地变化及其生态环境效应[J]．自然资源学报，2005(5)：727~733

[156]唐红侠，韩丹，赵由才．农林业温室气体减排与控制技术[M]．北京：化学工业出版社，2009

[157]田水松．长江上游生态环境退化与农地利用[J]．中国人口、资源与环境，2004(6)

[157]屠清瑛，等．巢湖富营养化研究[M]．合肥：中国科学技术大学出版社，1990

[159]汪峰．农地价值评估及其社会保障功能研究[D]．杭州：浙江大学，2001

[160]王炳春．论中国农地资源安全[D]．哈尔滨：东北农业大学，2007

[161]王灿，王克．技术创新促进低碳经济发展[A]．//低碳经济论[C]．北京：中国环境科学出版社，2008：418~420

[162]王春峰．低碳经济下的林业选择[A]．//低碳经济论[C]．北京：中国环境科学出版社，2008：411~413

[163]王瑞雪．耕地非市场价值评估理论方法与实践[D]．武汉：华中农业大学，2005

[164]王书玉．基于生态足迹理论的县域生态经济系统评价[D]．南京：南京农业大学，2006

[165]王韬．中国的低碳经济未来[A]．//低碳经济论[C]．北京：中国环境科学出版社，2008：127~132

[166]温明振．有机农业发展研究[D]．天津：天津大学，2006

[167]温宗国．低碳发展措施对国家可持续的情景分析．[A]．//低碳经济论[C]．北京：中国环境科学出版社，2008：105~109

[168]吴晓青．关于中国发展低碳经济的若干建议[A]．//张坤民等．低碳经济论[M]．北京：中国环境科学出版社，2008：22

[169]吴宣恭．马克思主义产权理论与西方现代产权理论的不同[J]．经济学文摘，1999(3)：8~10

[170]吴燕平，等．低碳经济开辟绿色就业之路[J]．经济研究导刊，2010，36，：211~213.

[171]伍新木，于振英．制度变迁框架下的耕地生态环境变化研究[J]．中国人口．资源与环境，2007，17(1)：109~113

[172]谢丹．木木生物持能源气化工程应用研究——北京市保农村秸秆气化安全[J]．林业经济，2011(7).

[173]谢高地，张钇锂，鲁春霞，等．中国自然草地生态系统服务价值[J]．自然资源报，2001，16(1)：47~53

[174]邢继俊，赵刚．中国要大力发展低碳经济[J]．中国科技论坛，2007(10)：87~92

[175]许木启，黄玉瑶．受损水域生态系统恢复与重建研究[J]．生态学报，1998，18(5)：547~558

[176]许泉．南方水田土壤有机碳变化特征及保护性耕作增碳效应研究[D]．南京：南京农业大学，2007

[177]许新桥．西方近自然林业理论研究及其应用问题探讨[D]．北京：中国林业科学研究院

[178]严立冬，等．绿色农业导论[M]．北京：人民出版社，2008

[179]杨开忠．一般持续发展论[J]．中国人口、资源与环境，1994，4(1)：11～15
[180]杨永兴，刘兴土，韩顺正，等．三江平原沼泽区“稻—苇—鱼”复合生态系统效益研究[J]．地理科学，1993，13(1)：41～45.
[181]姚炎祥．环境保护辩证法概论[M]．北京：中国环境科学出版社，1993
[182]叶文虎，等．论可持续发展的衡量与指标体系[J]．世界环境，1996(1)：7～10
[183]印红．共同努力促进湿地与人类健康发展[J]．湿地科学与管理，2008(4)：9～10
[184]余波，等．可持续发展评价指标体系研究综述[J]．四川林勘设计，2006，(6)：1～4
[185]育巍．天人合一并没有改善中国古代环境状况[J]．哲学研究，2004(4)：42～47
[186]袁男优．低碳经济的概念内涵[J]．城市环境与城市生态，2010(2)：43～46
[187]袁平．农业污染及其综合防控的环境经济学研究[D]．北京：中国农业科学院，2008
[188]臧俊梅．农地发展权的创设及其在农地保护中的运用研究[D]．南京：南京农业大学，2007
[189]张春霞．绿色经济发展研究(第二版)[M]．北京：中国林业出版社，2008
[190]张春霞．闽江流域森林生态与经济社会协调发展研究[M]．北京：中国林业出版社，2004
[191]张春霞，等．私有林经营意愿与补贴制度研究[M]．北京：中国林业出版社，2009：169
[192]张芳．黑龙江省耕地资源价值核算[J]．农场经济管理，2003(6)：26～27
[193]张凤荣，孔祥斌，等．开展农地利用方式变化规律研究探讨土地可持续利用模式[J]．中国农业科技导报，2002，4(3)：18～22
[194]张坤民．低碳世界中的中国：地位、挑战与战略[A]．//张坤民，等．低碳经济论[C]．北京：中国环境科学出版社，2008：33
[195]张坤民．发展低碳经济是中国的内在需求[J]．理论视野，2010(2)：26～28.
[196]张坤民，等．低碳经济论[M]．北京：中国环境科学出版社，2008：412
[197]张世秋．低碳经济：链接区域污染控制、气候变化减缓与可持续发展的桥梁[A]．
[198]张坤民，等．低碳经济论[C]，中国环境科学出版社，2008：80～84
[199]张文菊．典型湿地生态系统碳蓄积与碳循环模拟[D]．武汉：华中农业大学，2006
[200]张玉荣．现代生态学回顾与展望[J]．湖南林业科技，2003(4)：25～29
[201]章申，唐以剑，等．白洋淀区域水污染控制研究(第一集)[M]．北京：科学出版社，1995
[202]赵学涛．城市边缘区农地城市流转决策[D]．武汉：华中农业大学，2003
[203]赵玉川．中国可持续发展指标体系建立原则及结构[J]．中国人口、资源与环境，1997(4)：54～58
[204]中国农业科学院农业经济与发展研究所．农业经济计量模型分析与运用[M]．北京：中国农业出版社，2008
[205]中国科学院长春地理研究所．三江平原沼泽[M]．北京：科学出版社，1982.
[206]中国气候变化网．减缓农业温室气体排放[EB/OL]．http：//www. ipcc. cma. gov. cn/Website/index. php？ChannelID = 15&NewsID = 640

[207]中国统计年鉴，2011
[208]钟史明．低碳经济与能源[J]．区域供热，2011，03：1~4.
[209]种植特定农作物可降地表温度百年中可少排1950亿吨二氧化碳[N]．科技日报，2009-05-05
[210]周诚．土地经济学[M]．北京：商务印书馆，2003
[211]周青，等．区域农地利用变化强度及其驱动机制研究——以原锡山市为例[J]．长江流域资源与环境，2003(12)：62~68
[212]周琼，翁伯琦．闽台低碳农业发展研究与合作对策[J]．福建论坛，2010
[202]周勇，张生云，等．武汉市狮子山地区土地利用结构变化与肥力评价[J]．长江流域资源与环境，1997(2)：163~167
[213]周跃志，吕光辉，秦燕．天山北坡经济带绿洲生态经济脱钩分析[J]．生态经济，2007：25~29
[214]朱启贵．可持续发展评估[M]．上海：上海财经大学出版社，1999
[215]朱轩彤．国际能源格局发展新趋势[J]．中国能源，2011(01)：27~28.
[216]庄贵阳，朱仙丽，赵行姝．全球环境与气候治理[M]．杭州：浙江人民出版社，2009
[217]庄贵阳．气候变化挑战与中国经济低碳发展[J]．国际经济评论，2007(5)：50~52
[218]庄贵阳．我国经济低碳发展的途径与潜力分析[J]．国际技术经济研究，2005(3)：79~87